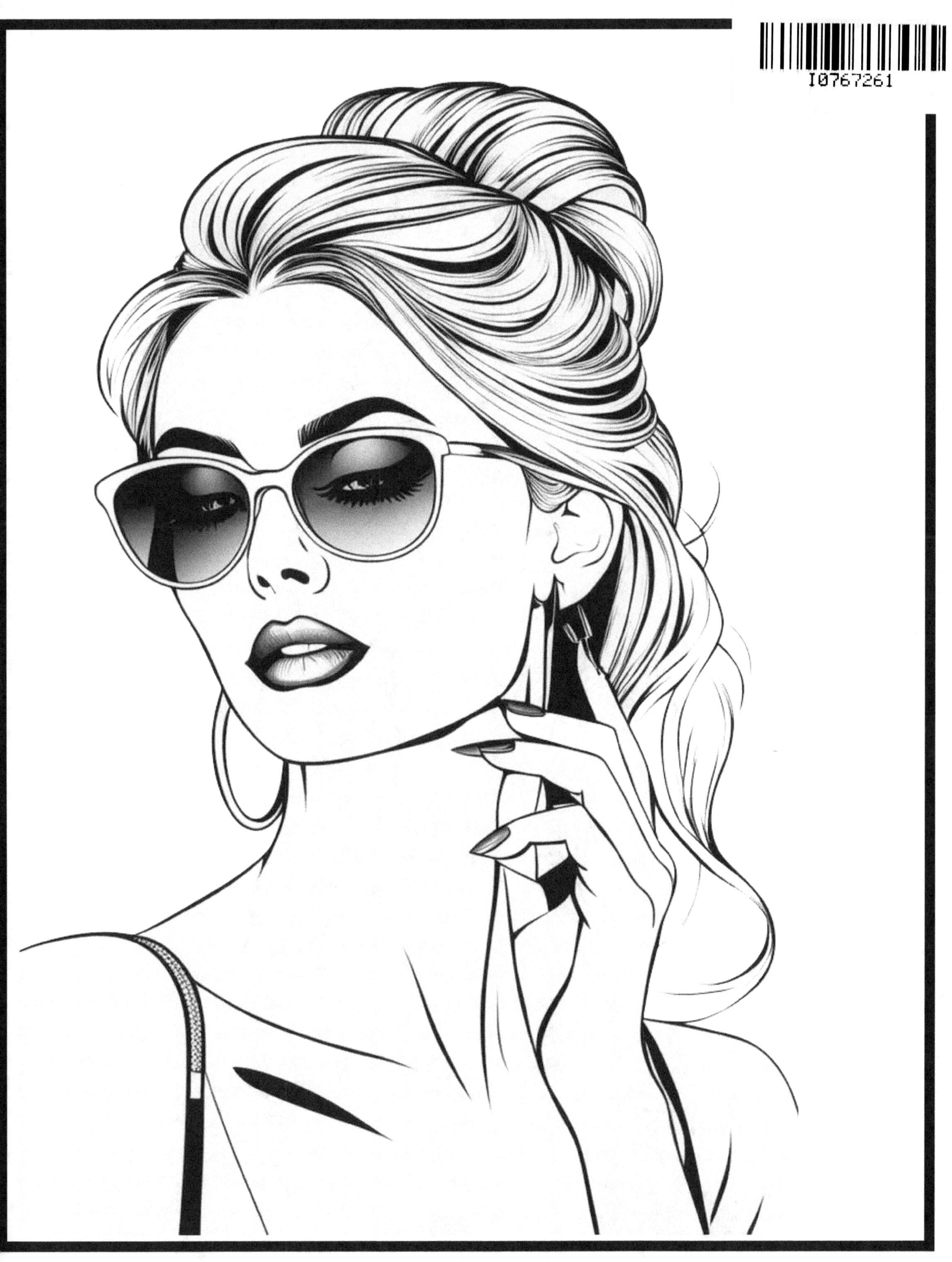

I0767261

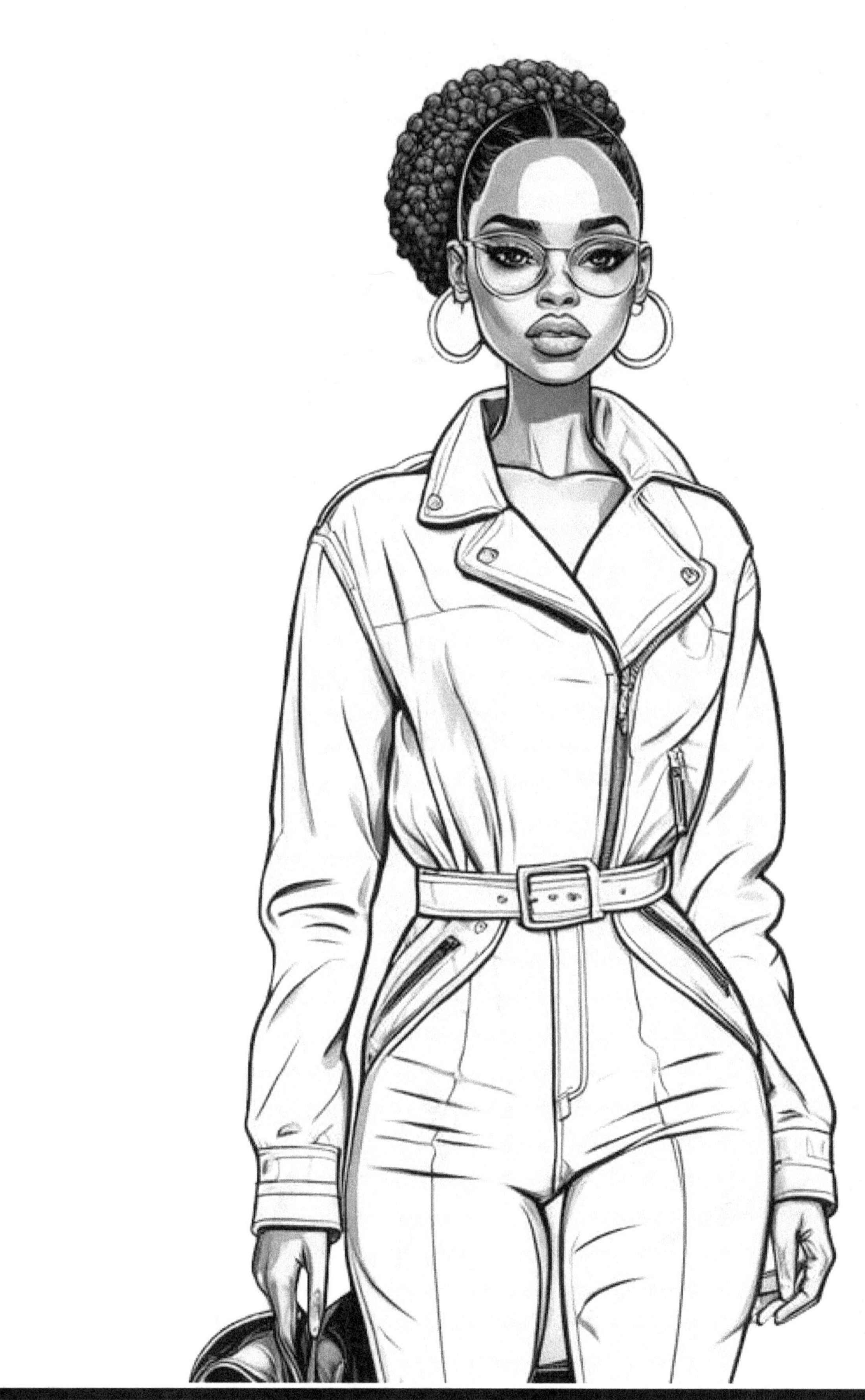

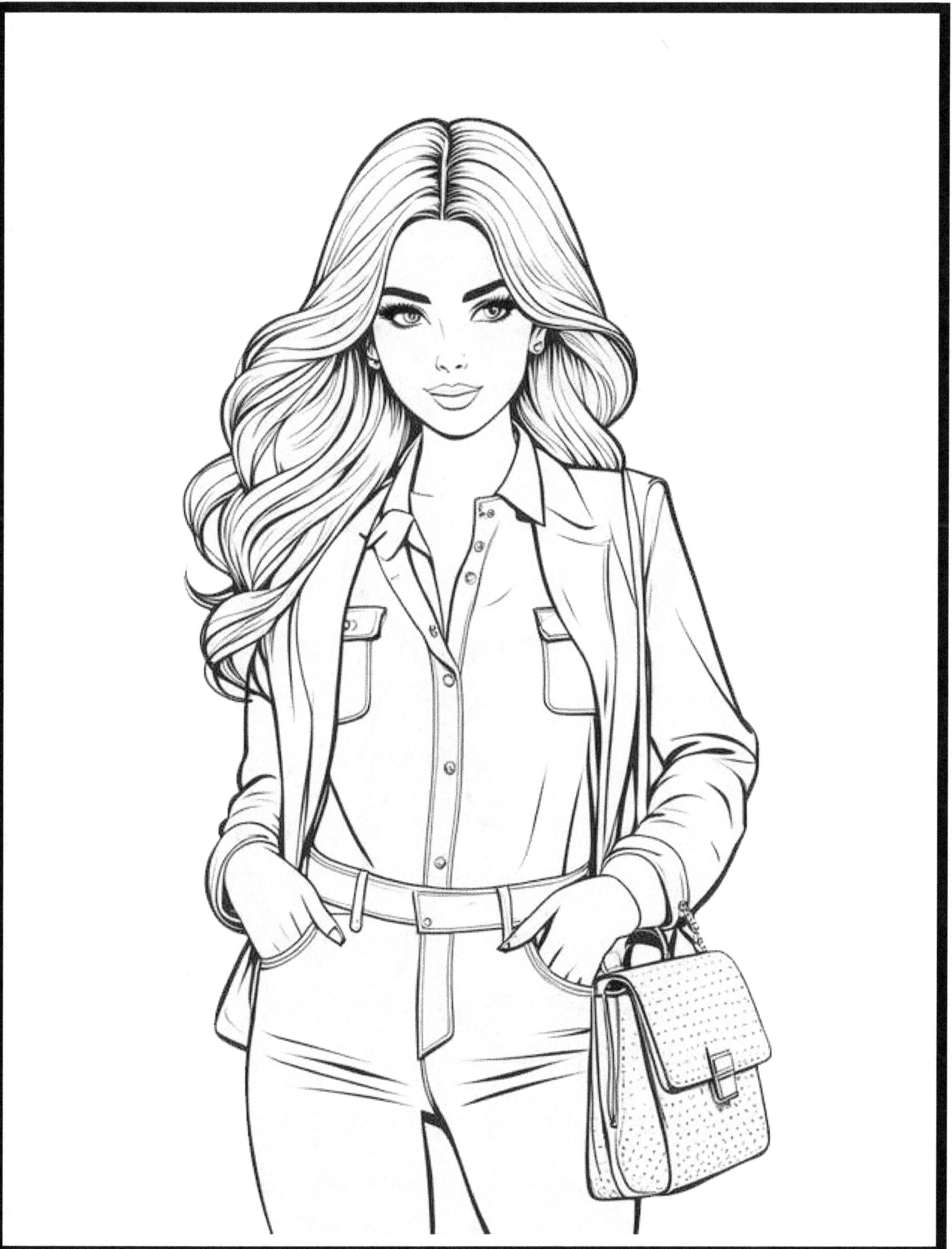

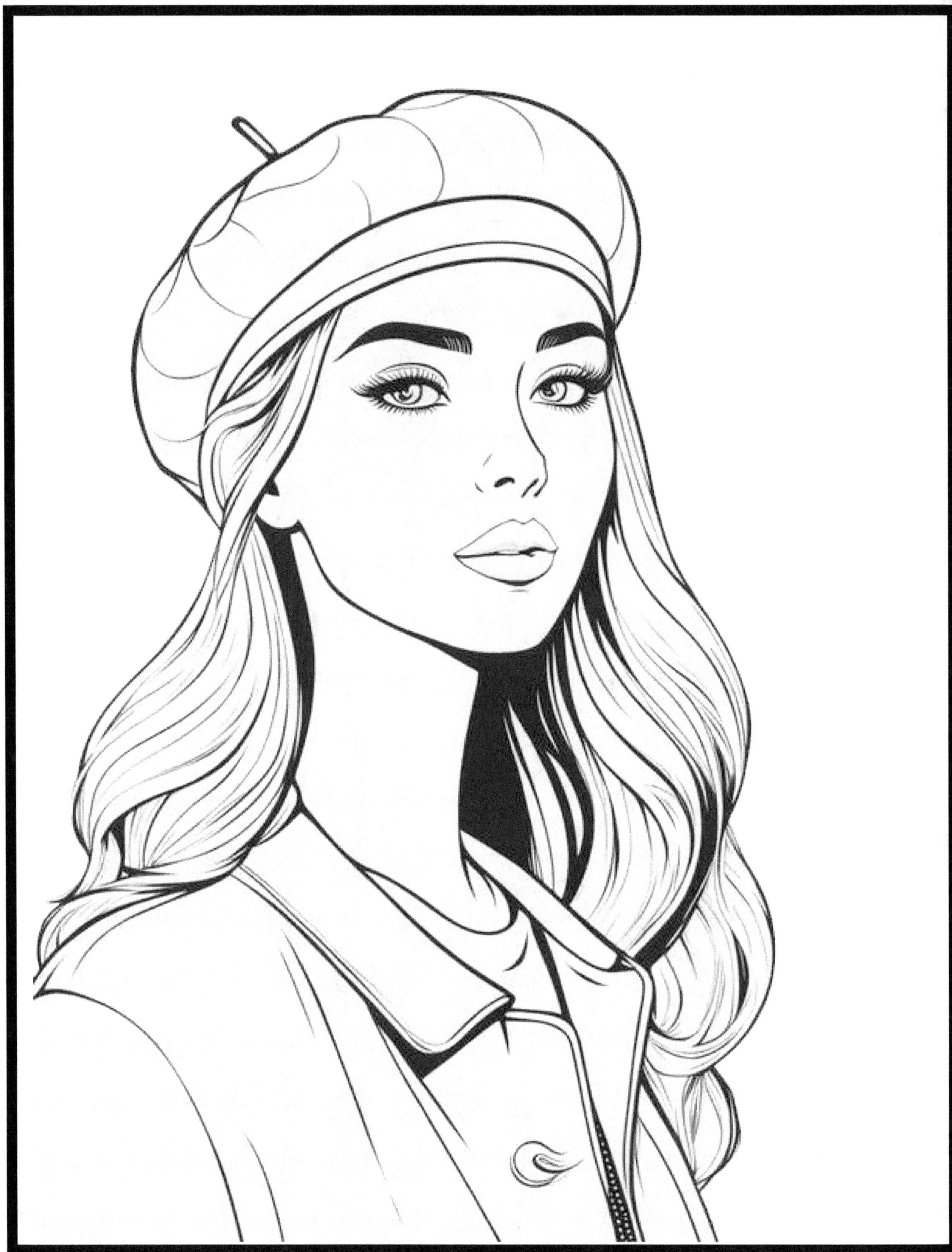

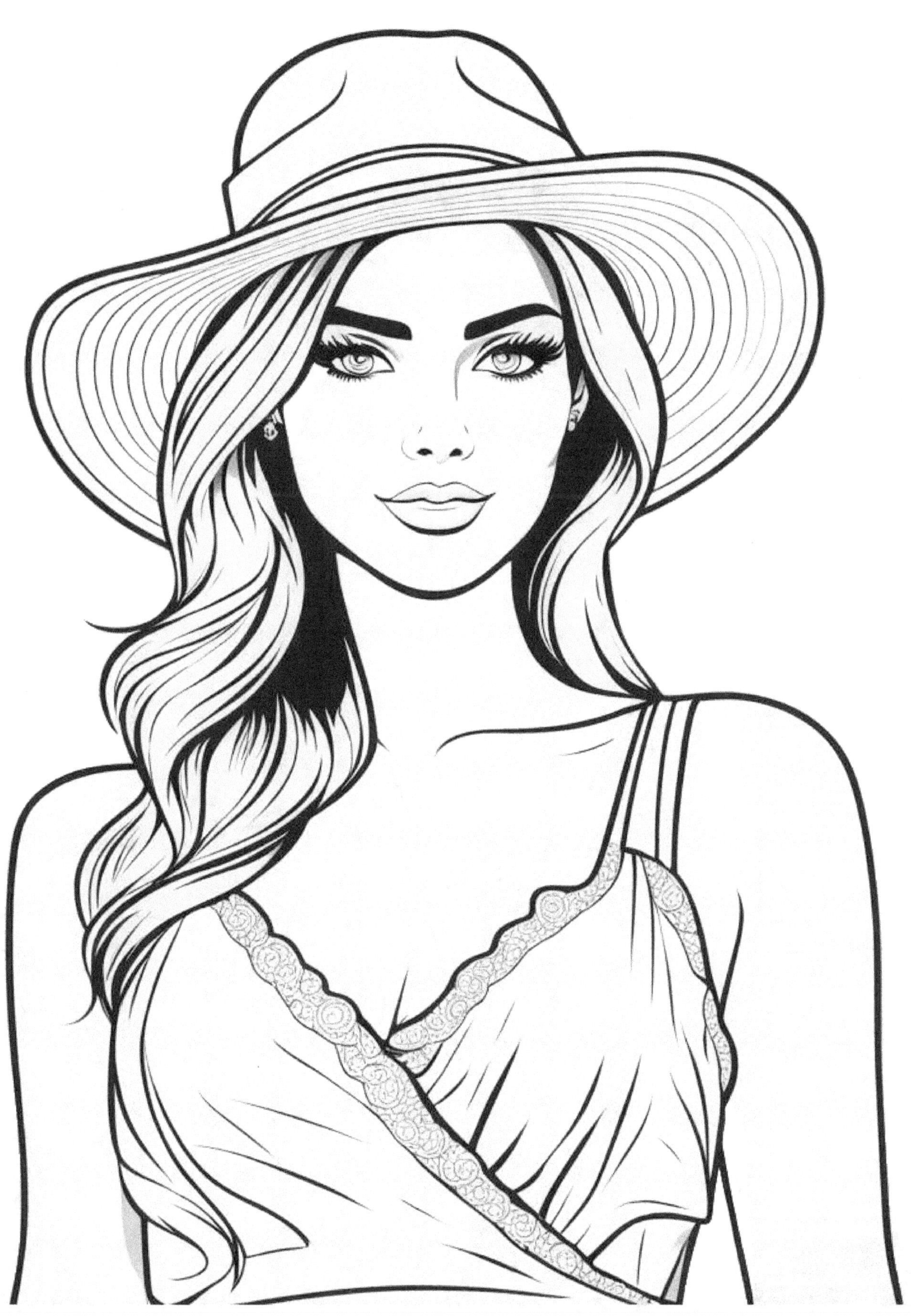

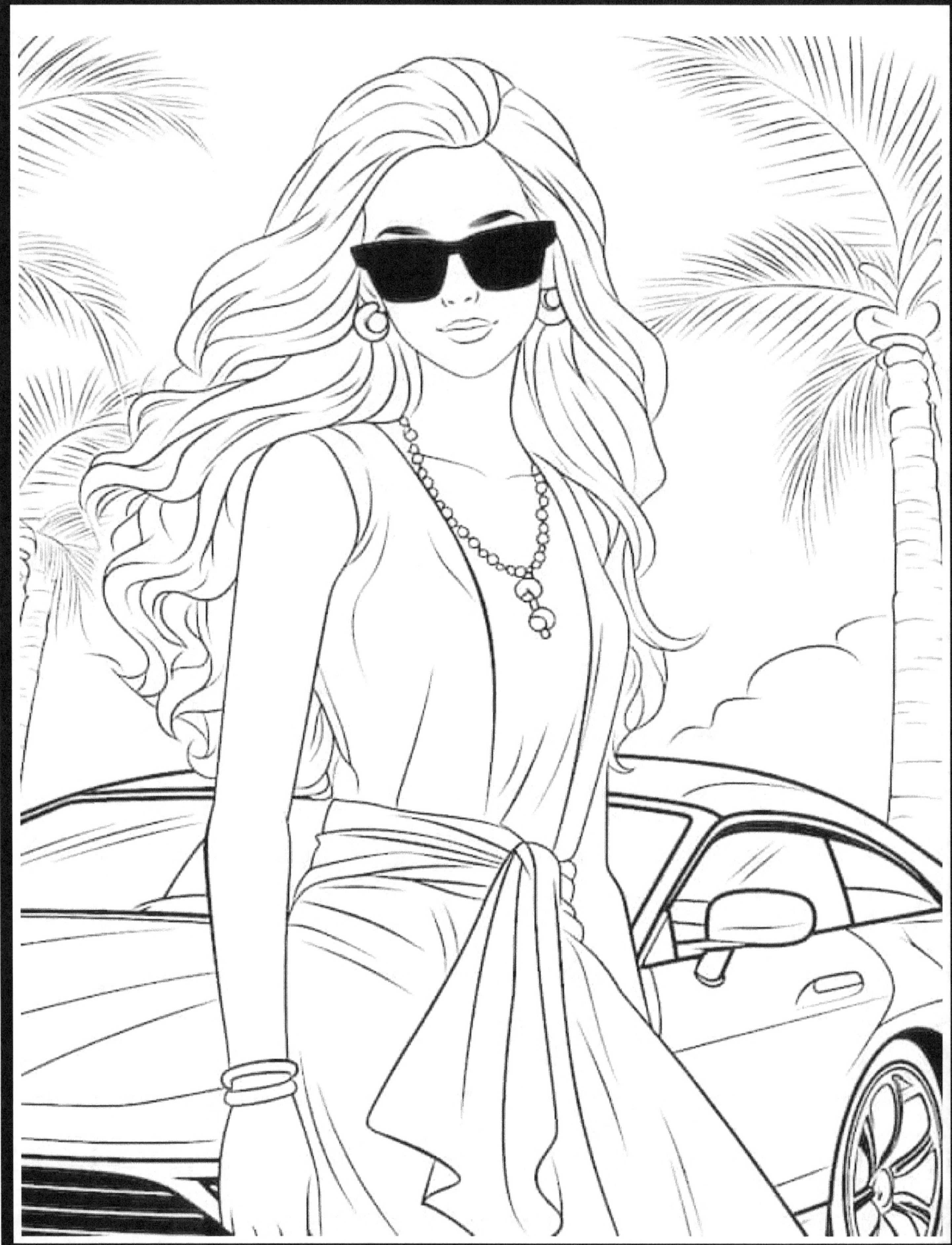

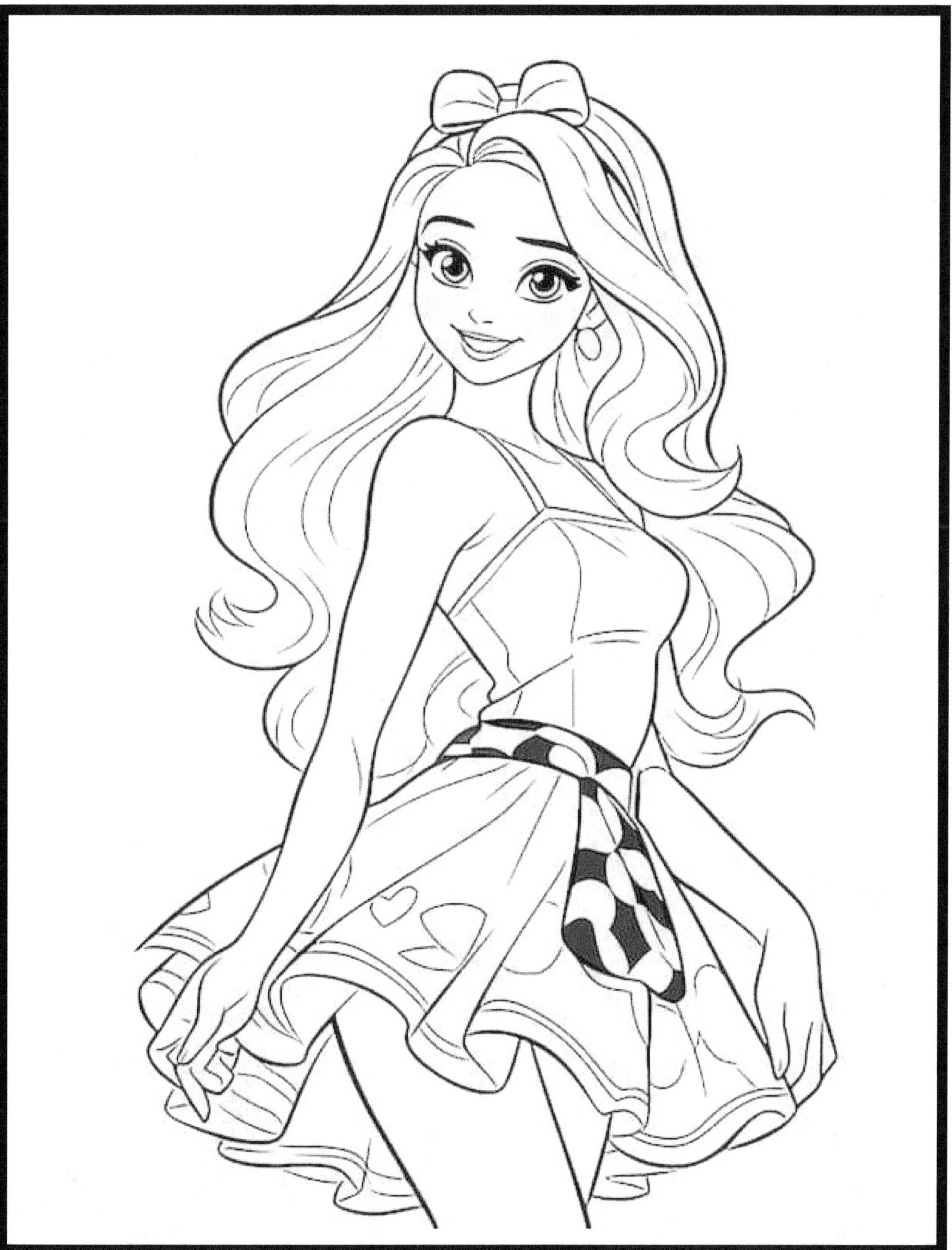

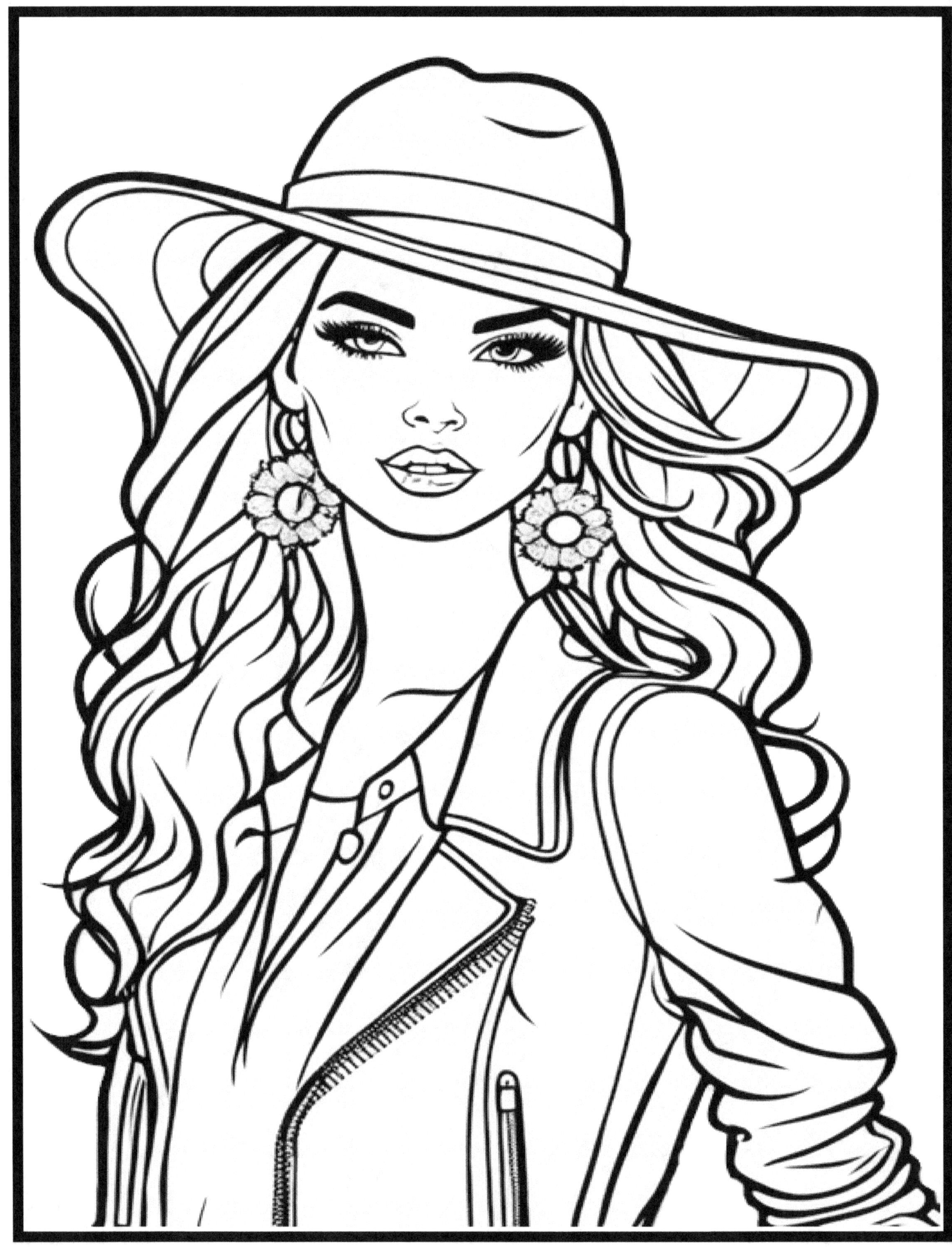

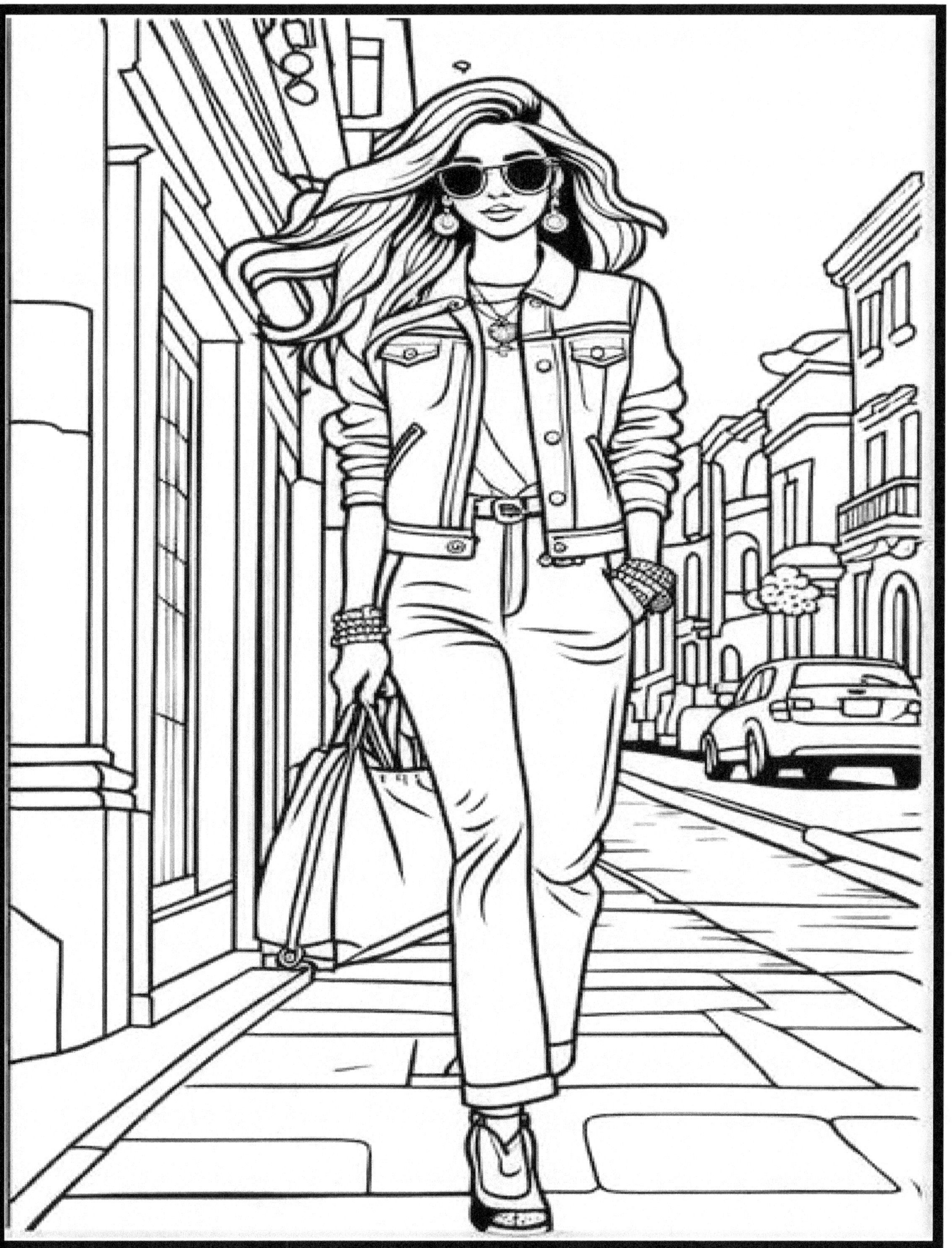

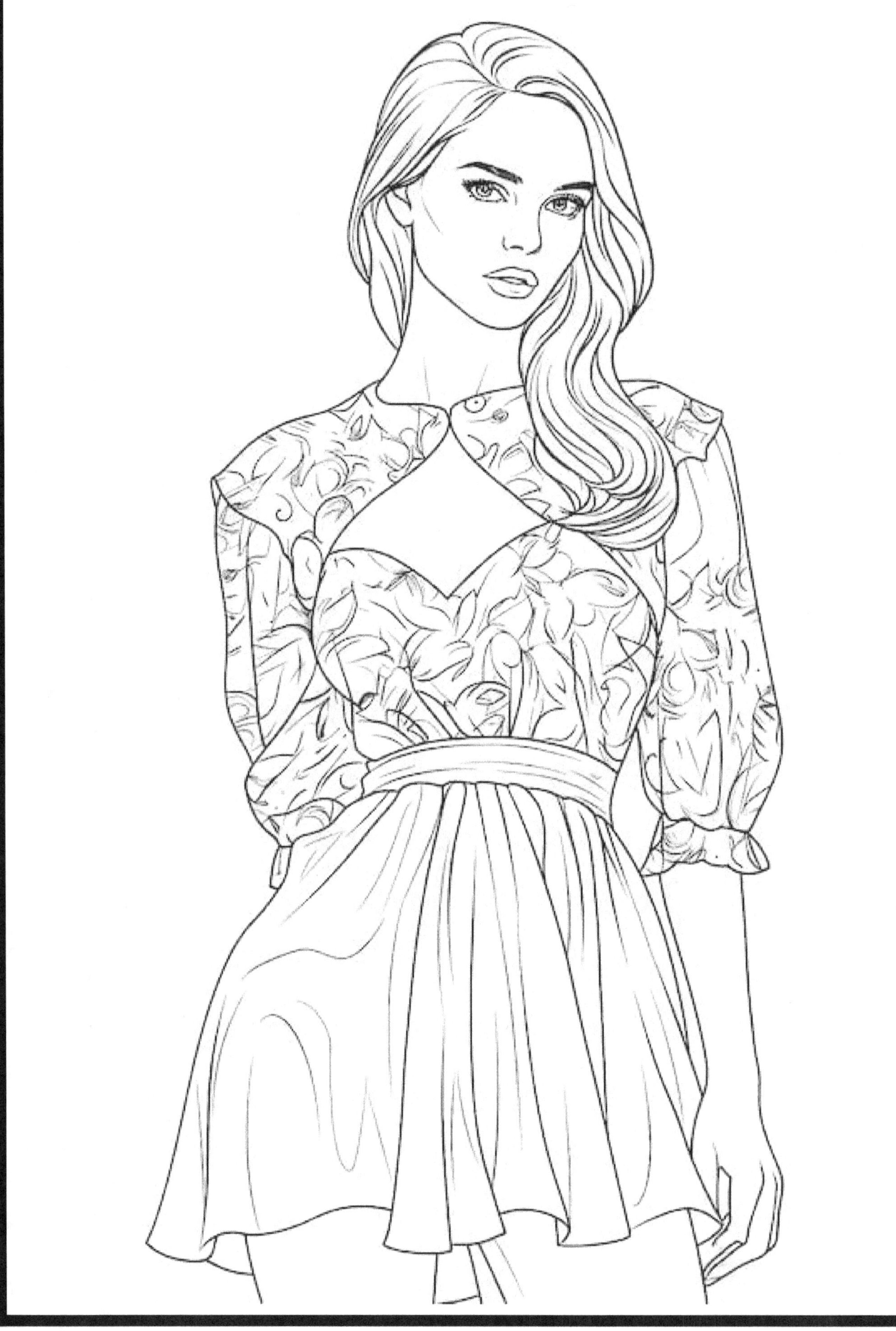

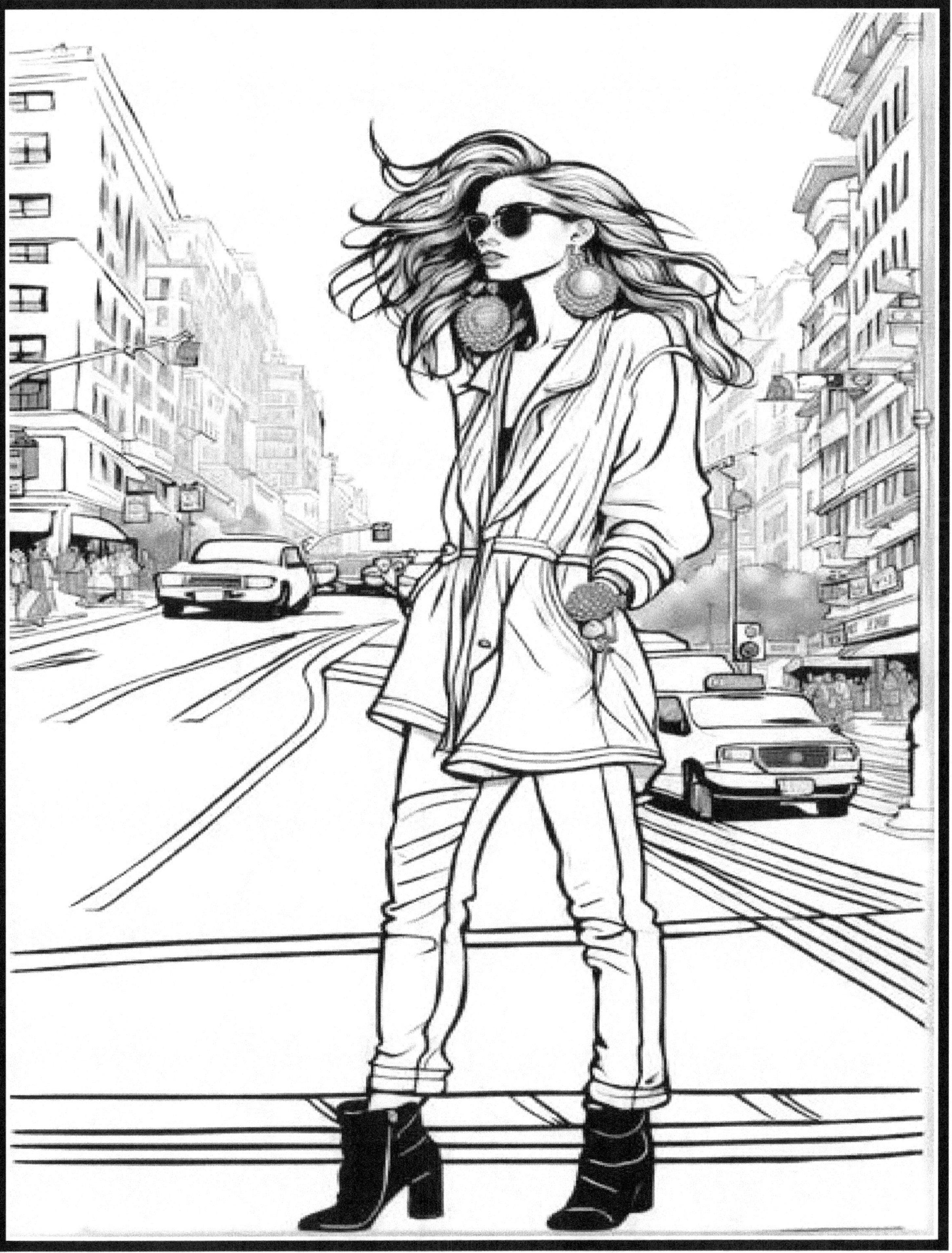

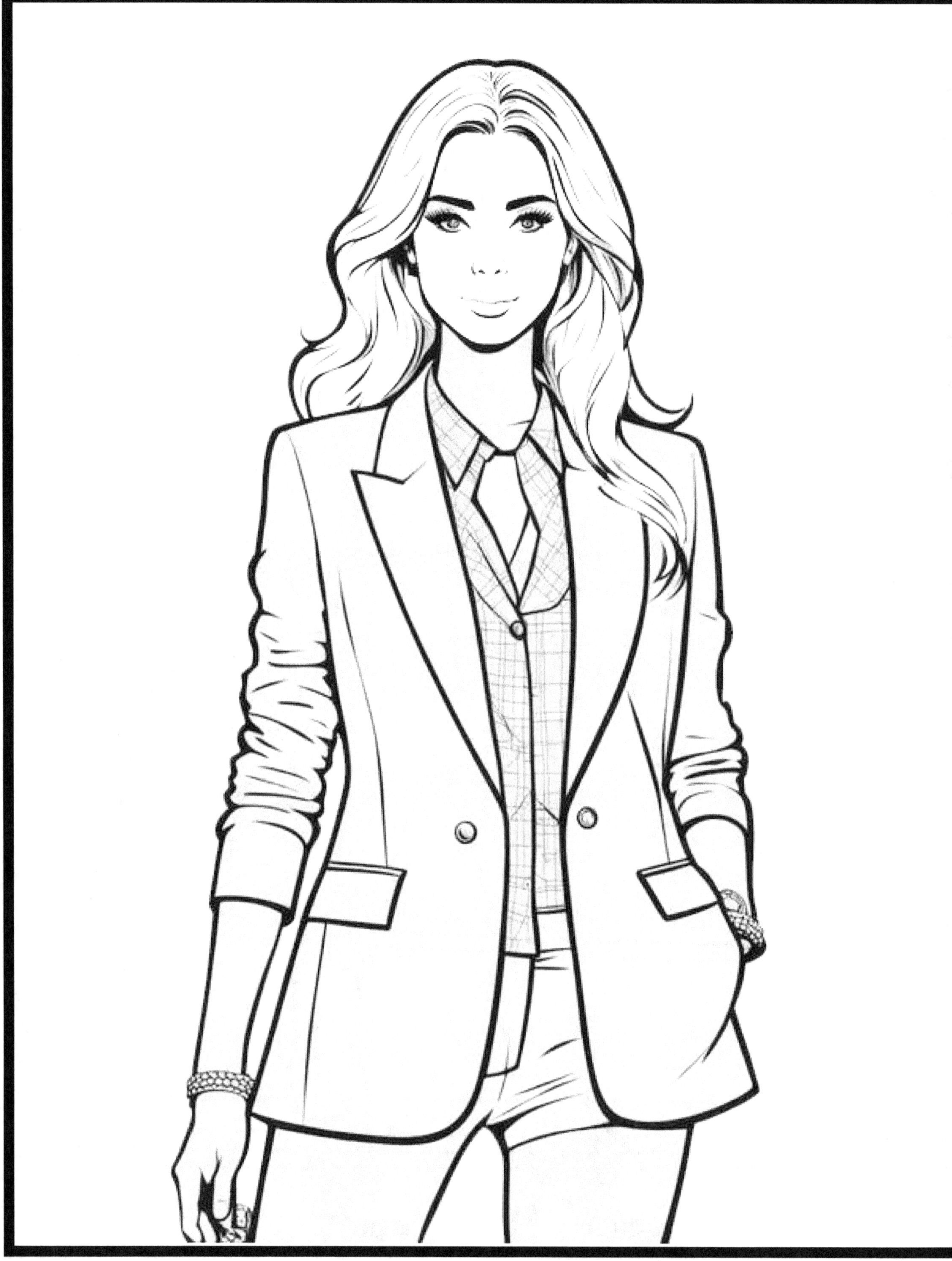

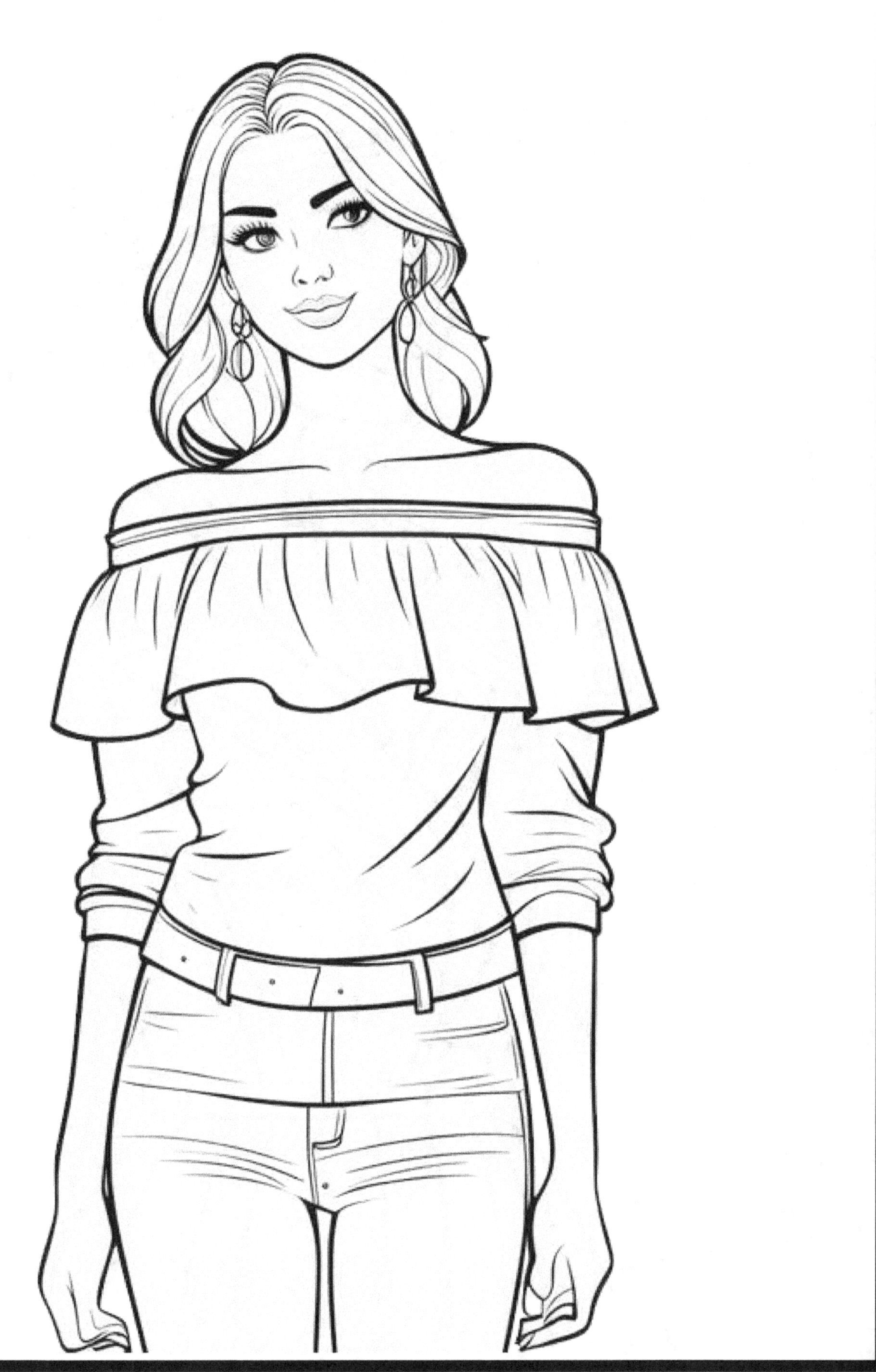

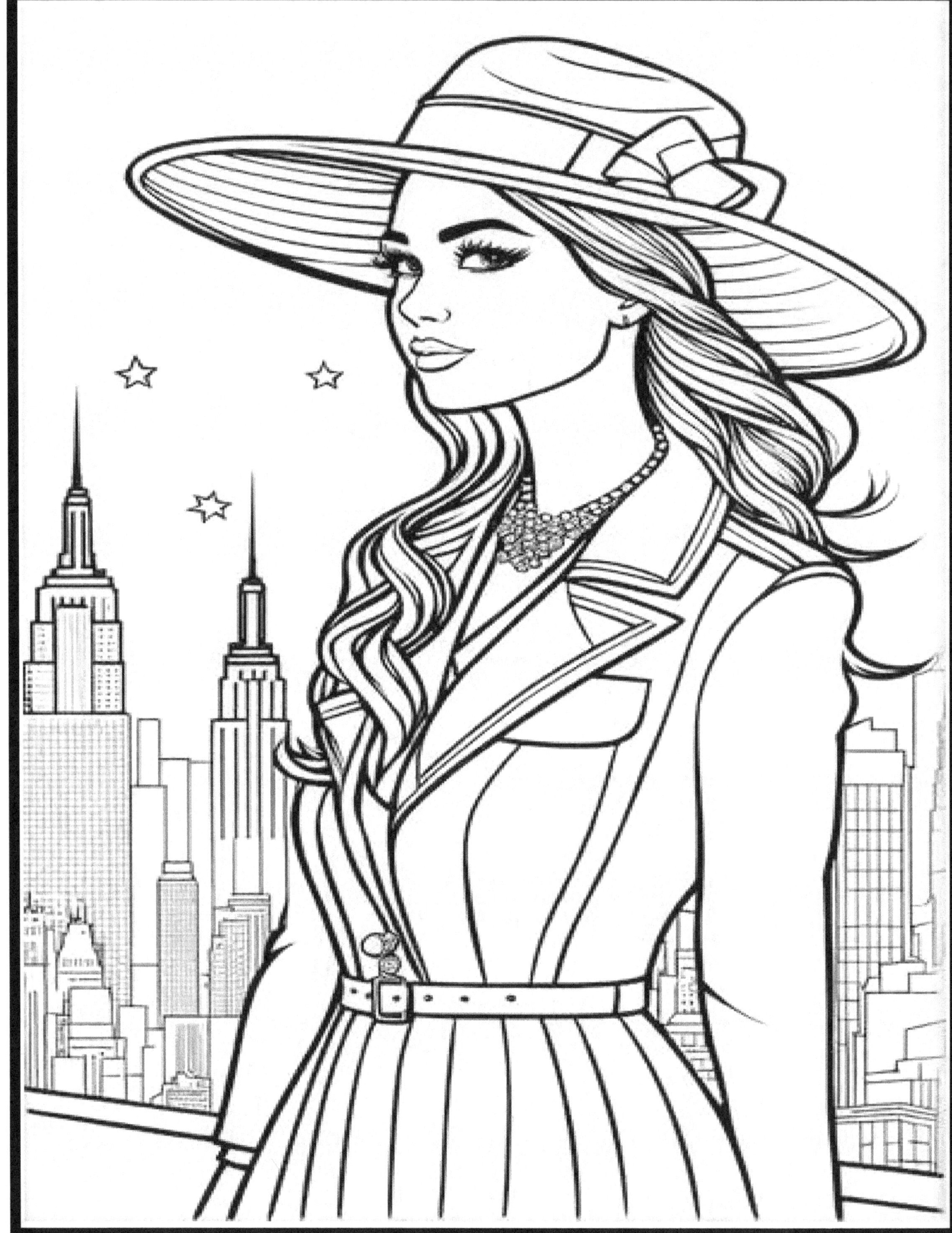

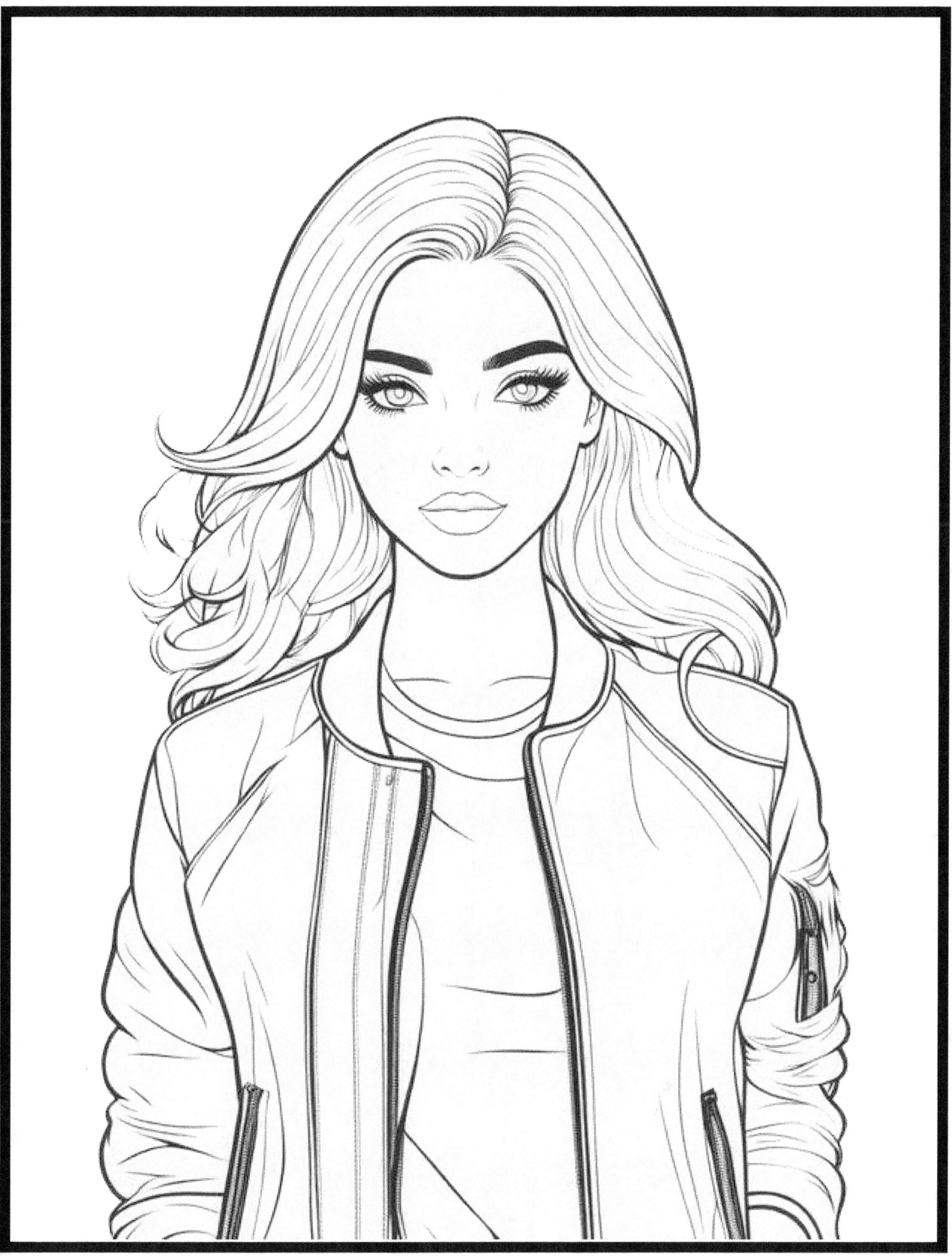

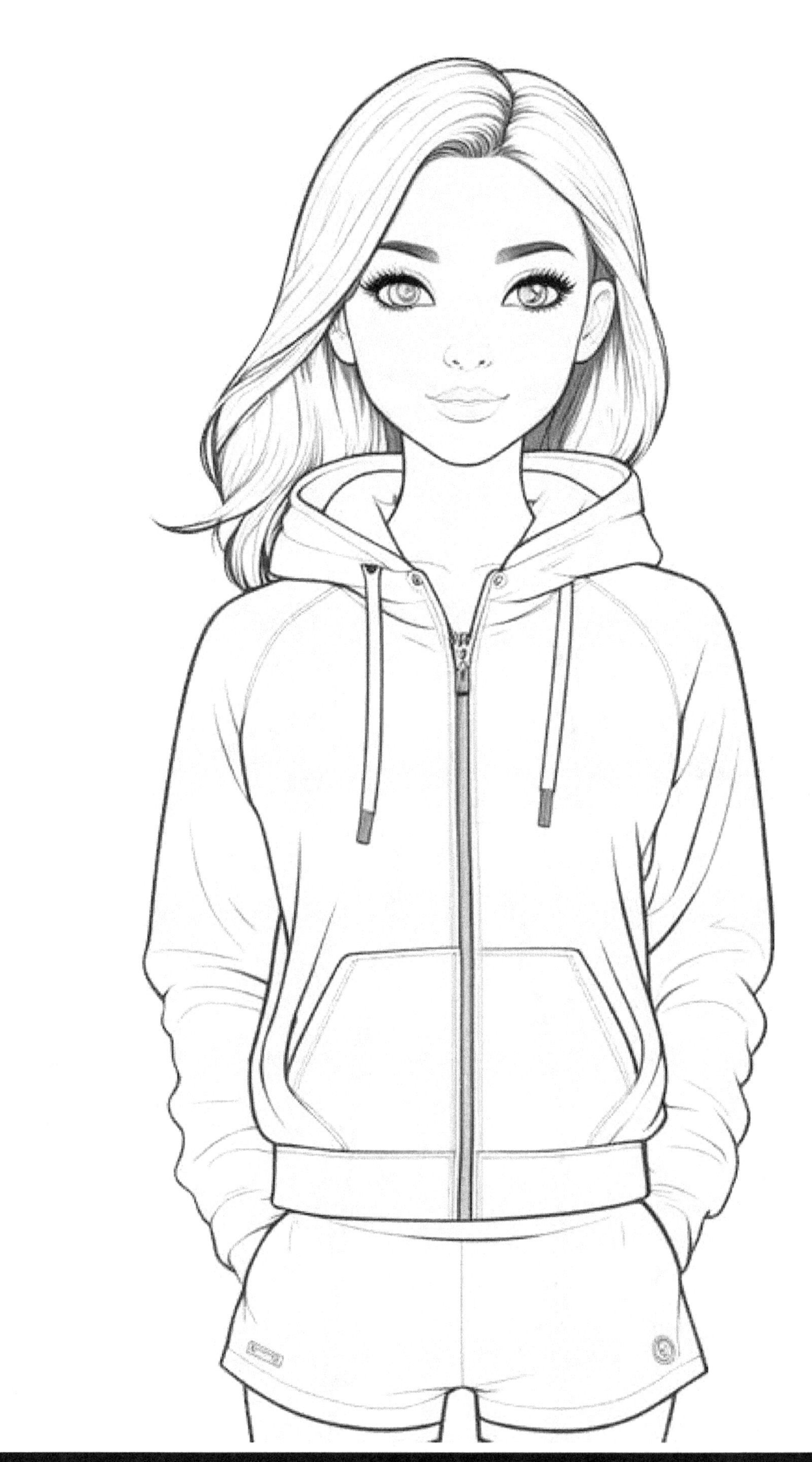

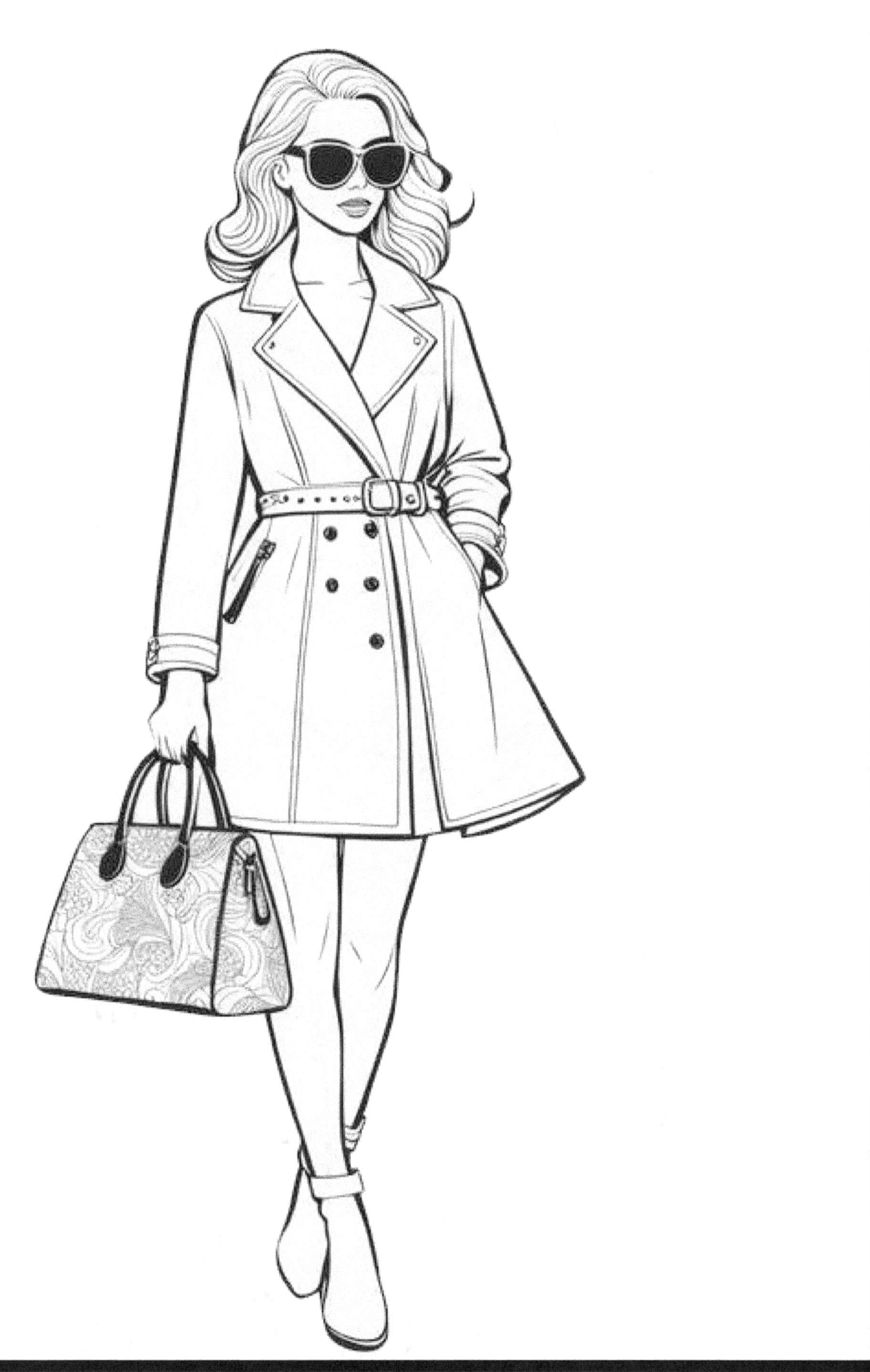

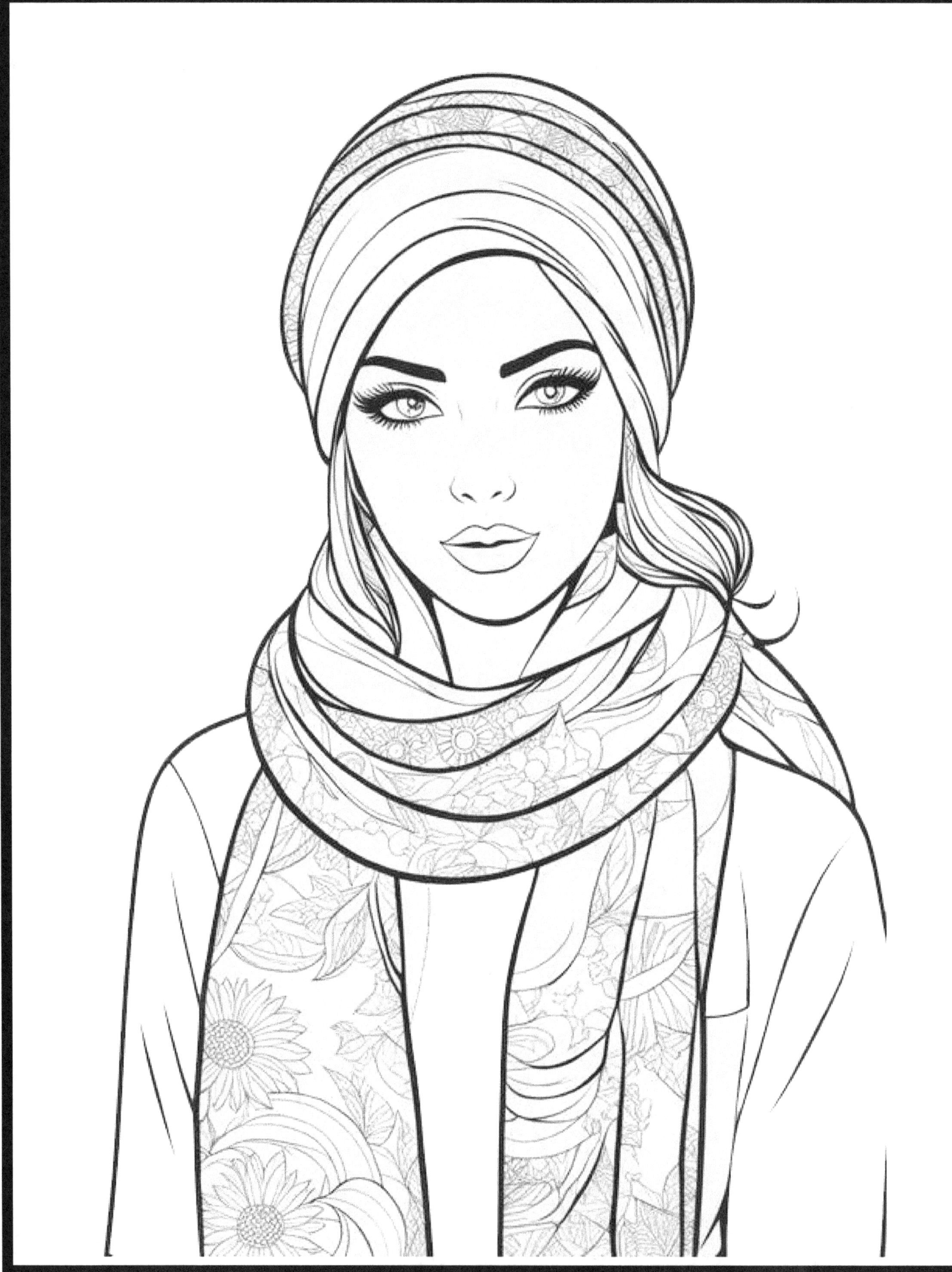

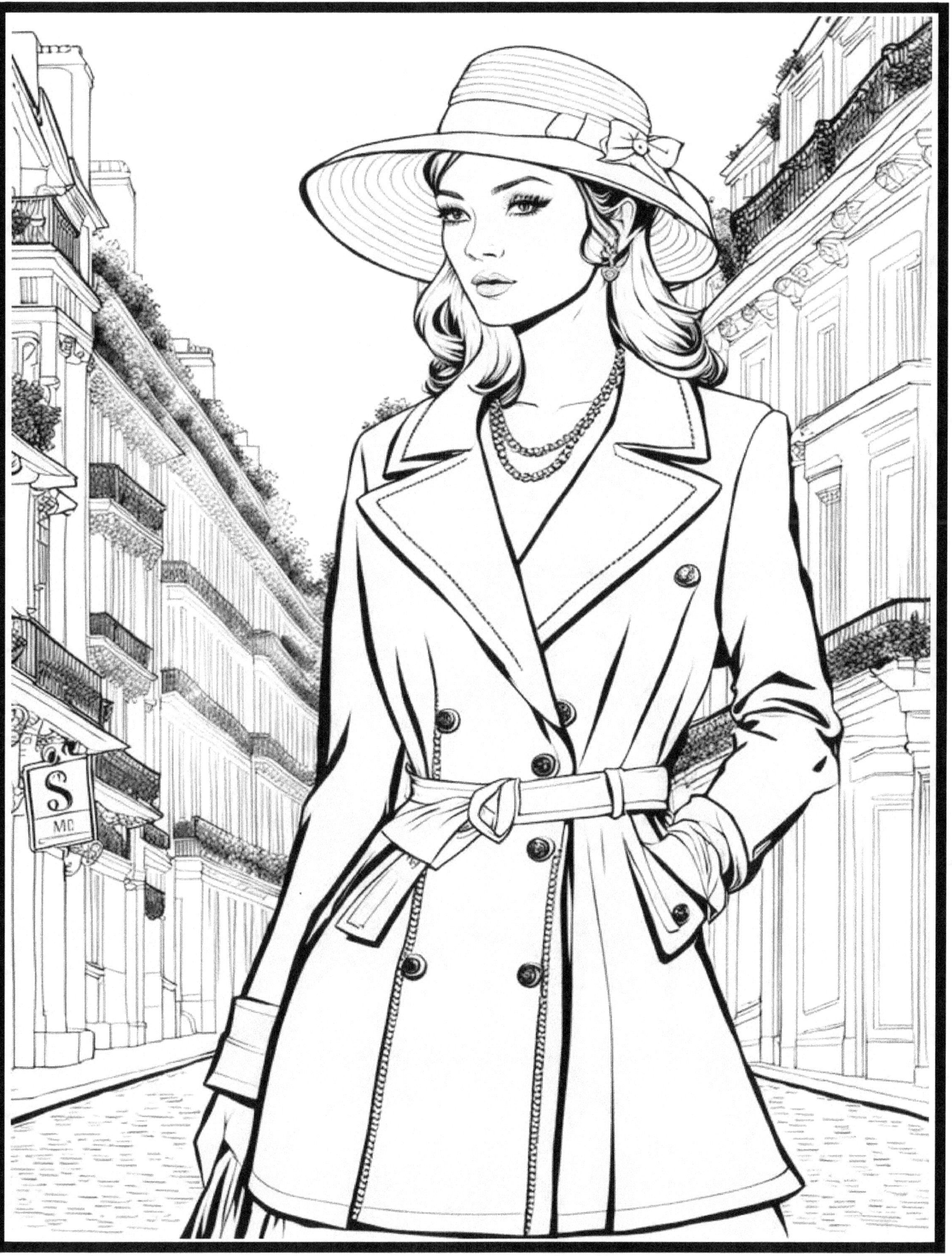
S
M

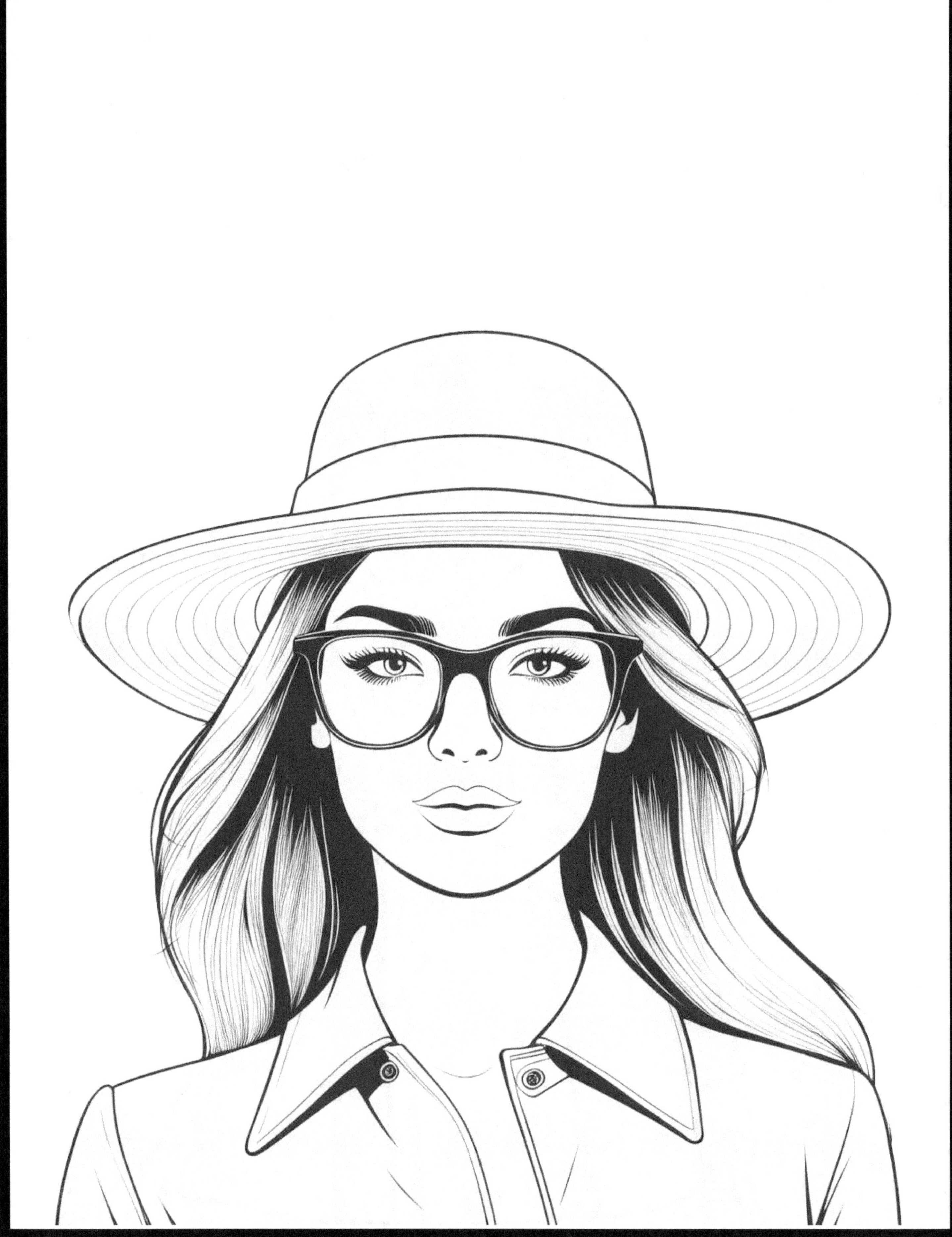

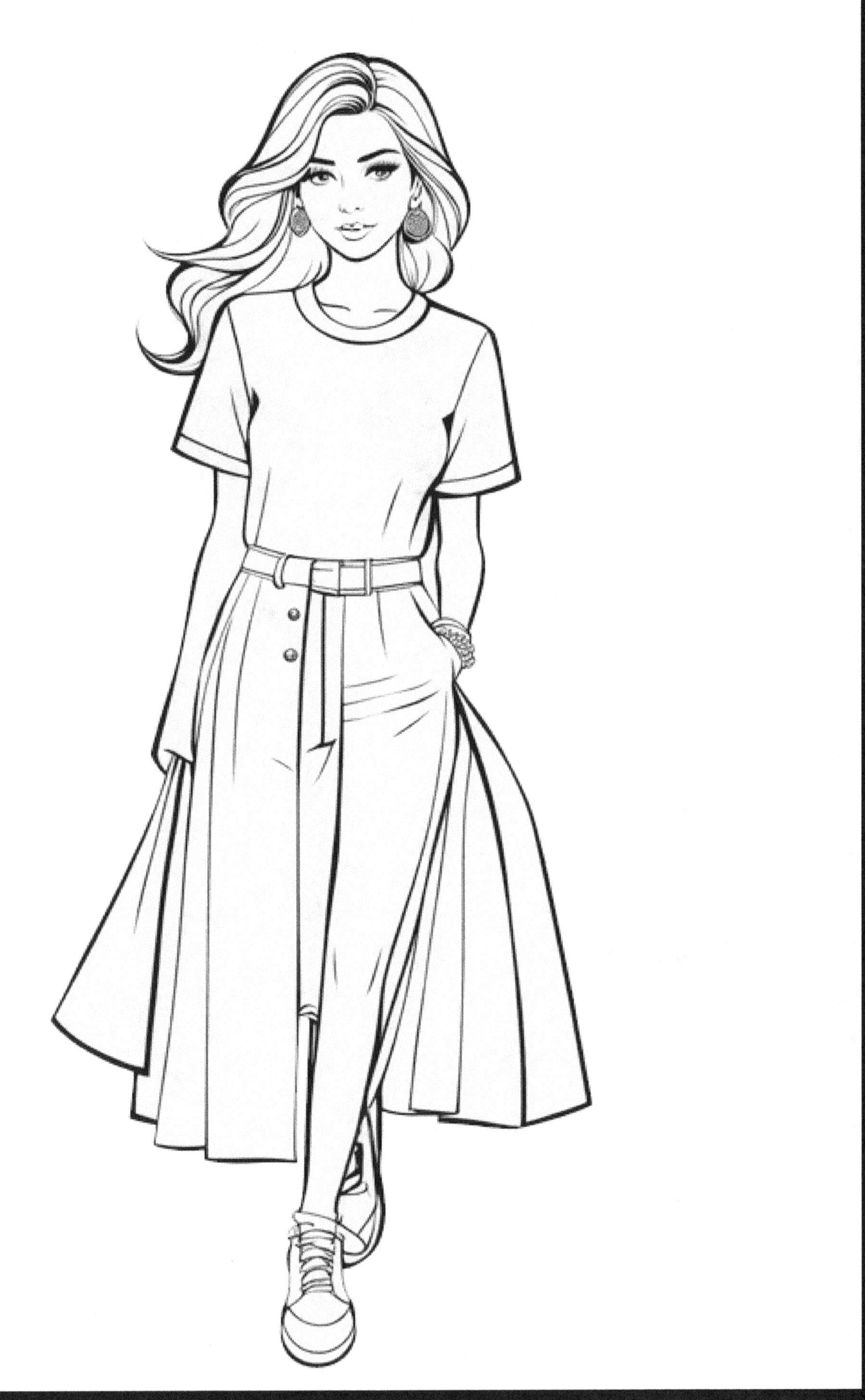

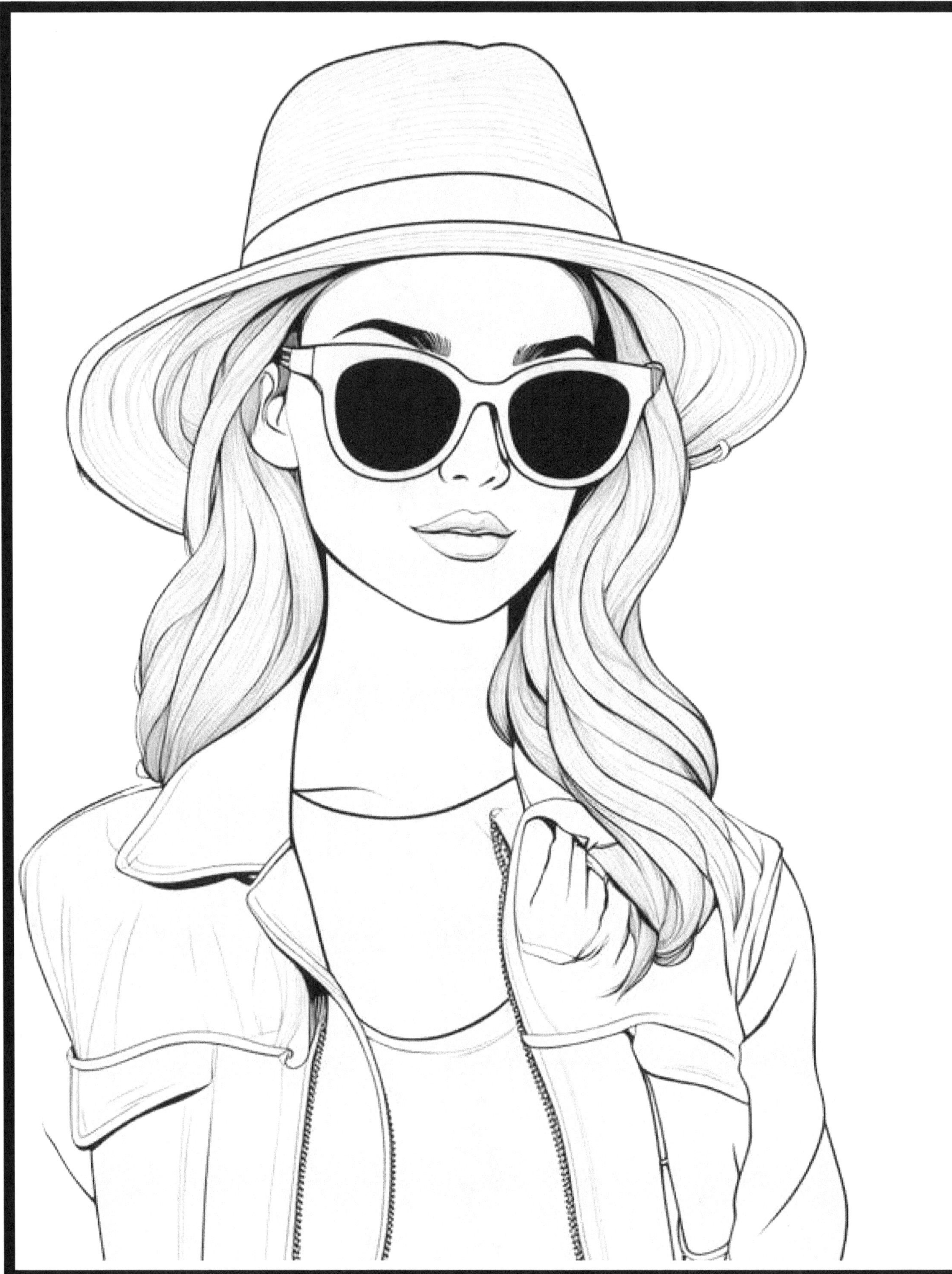

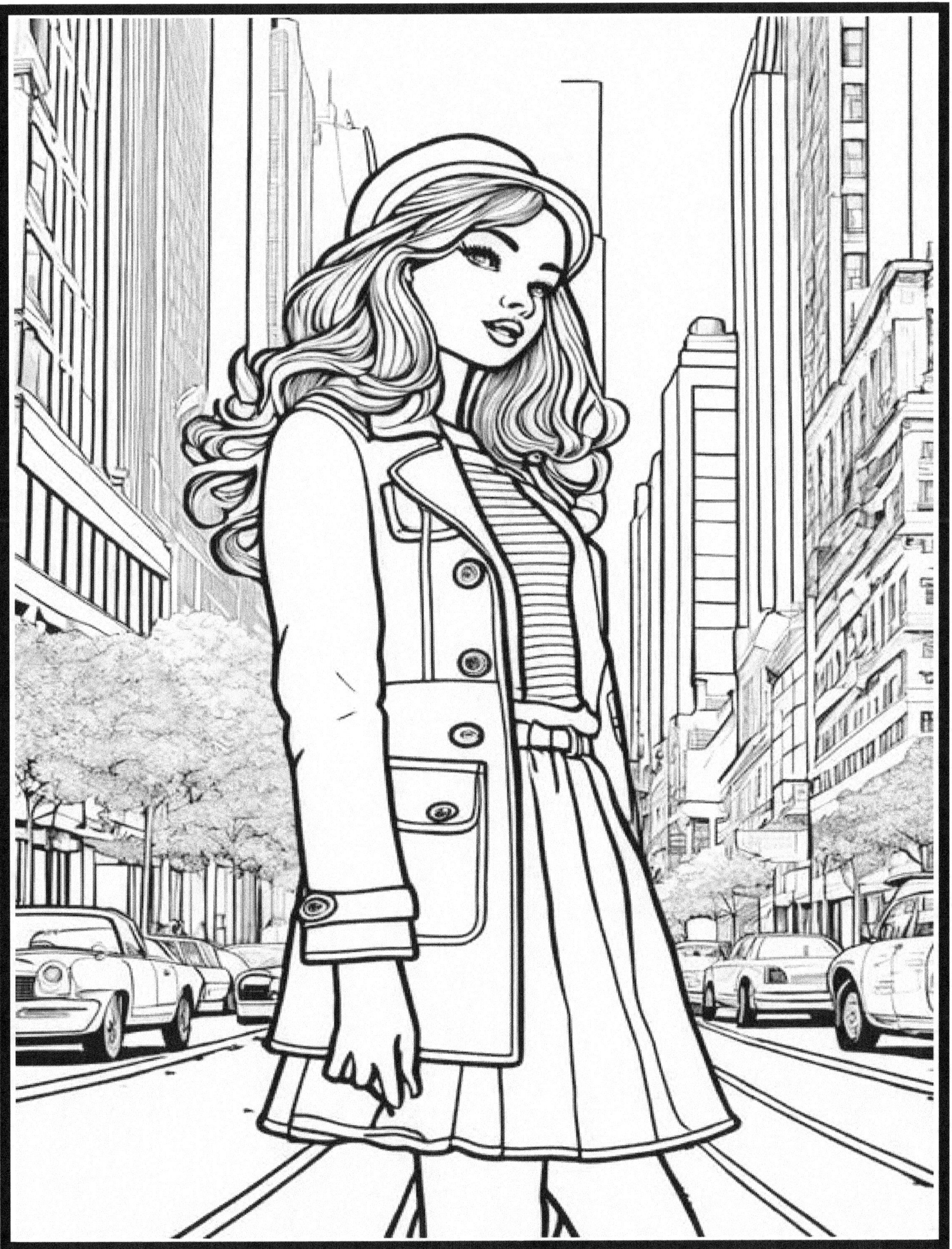

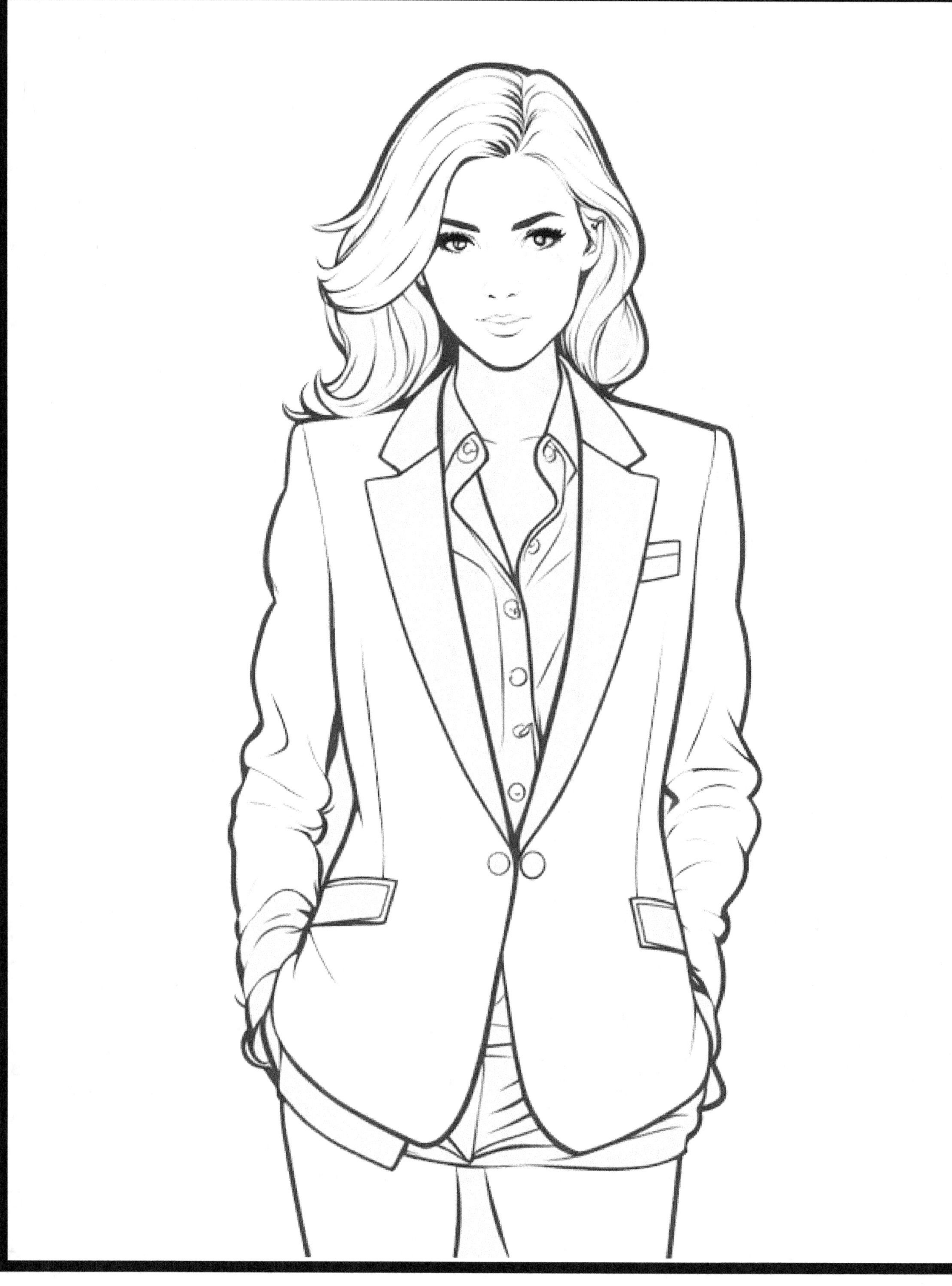

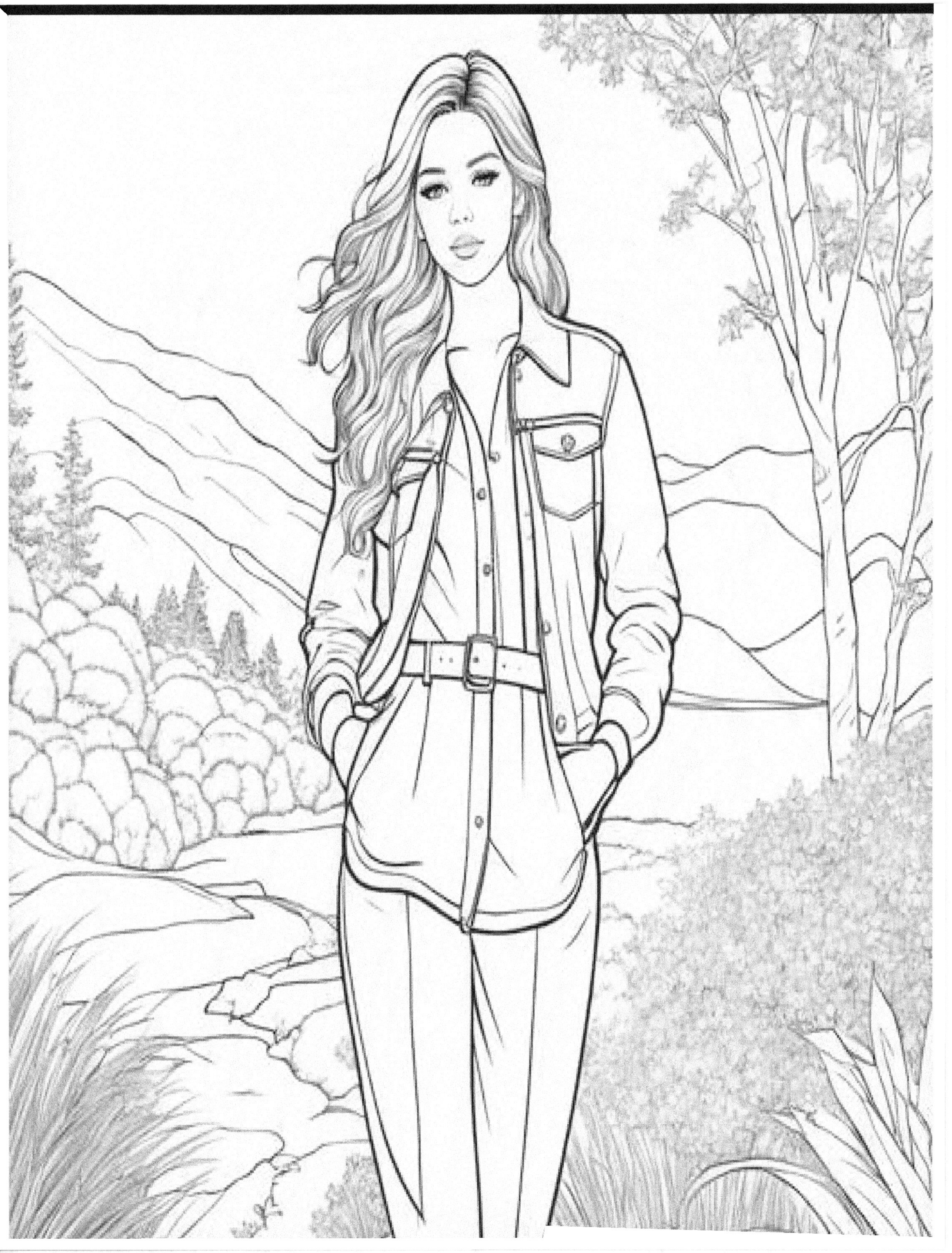

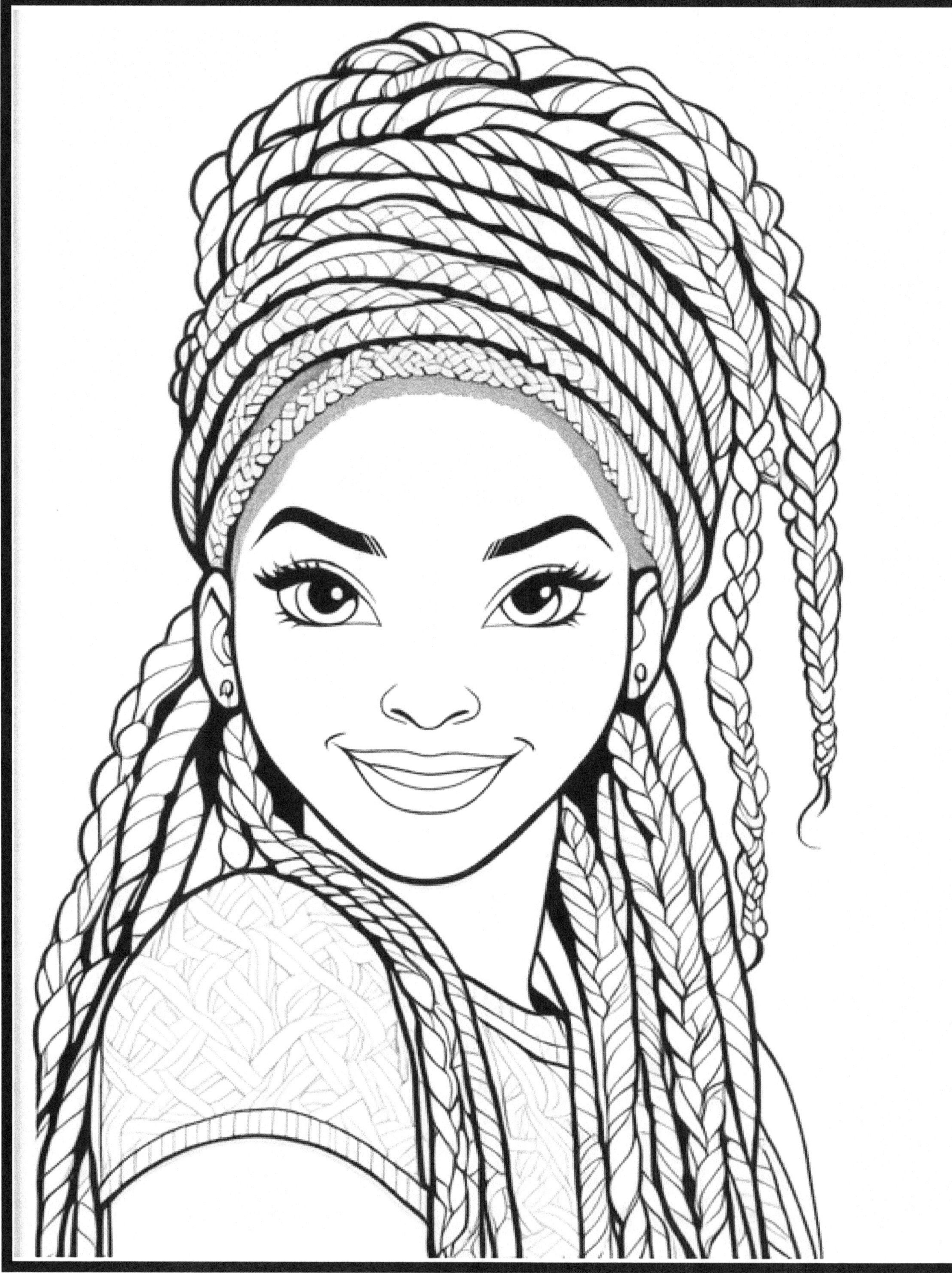

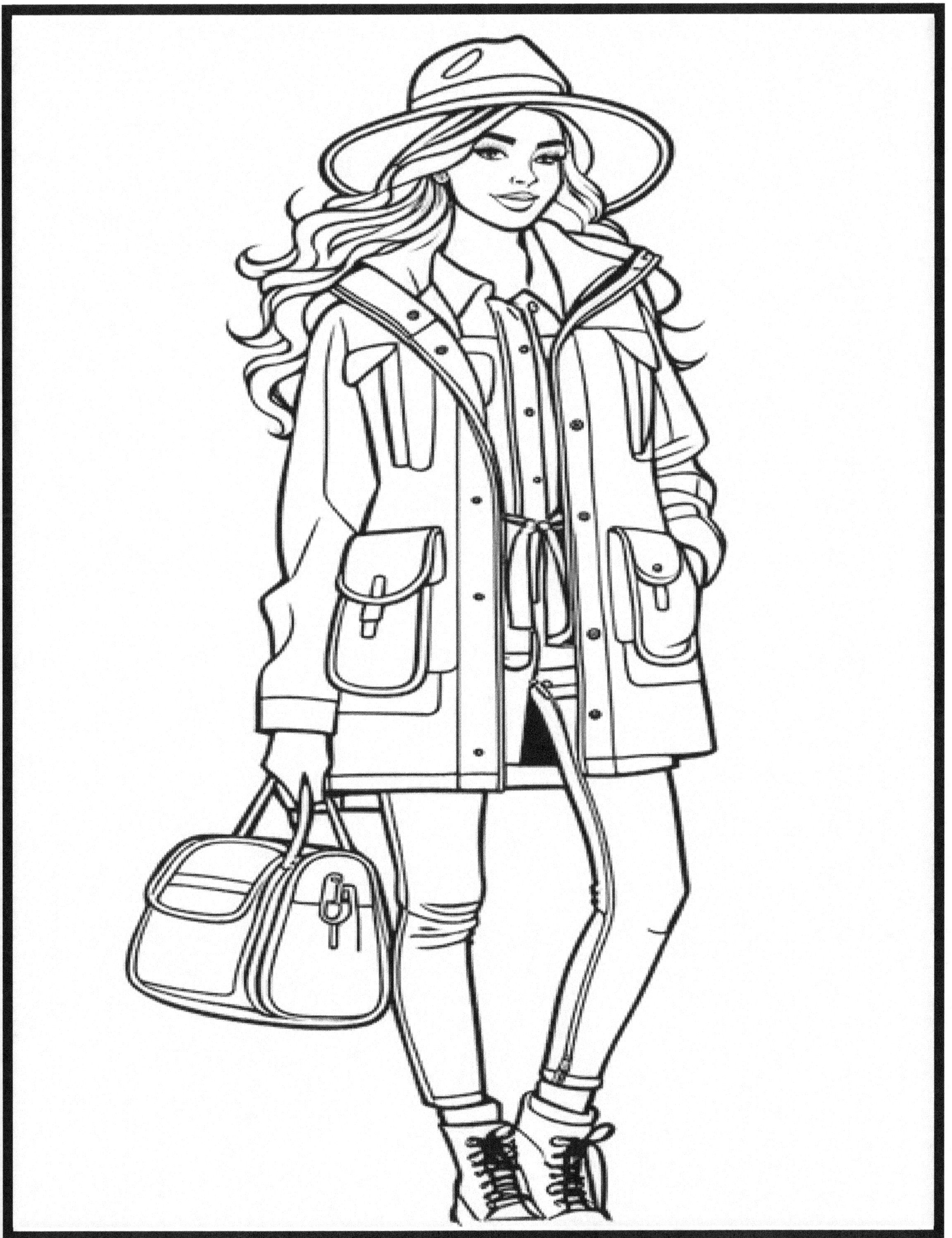

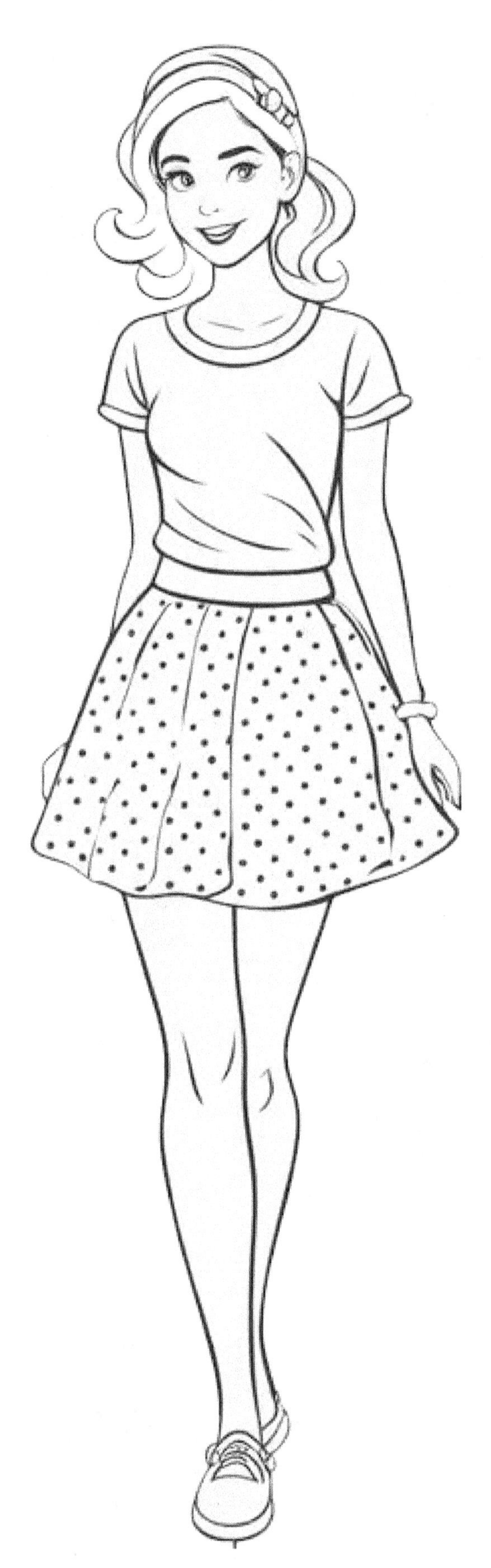

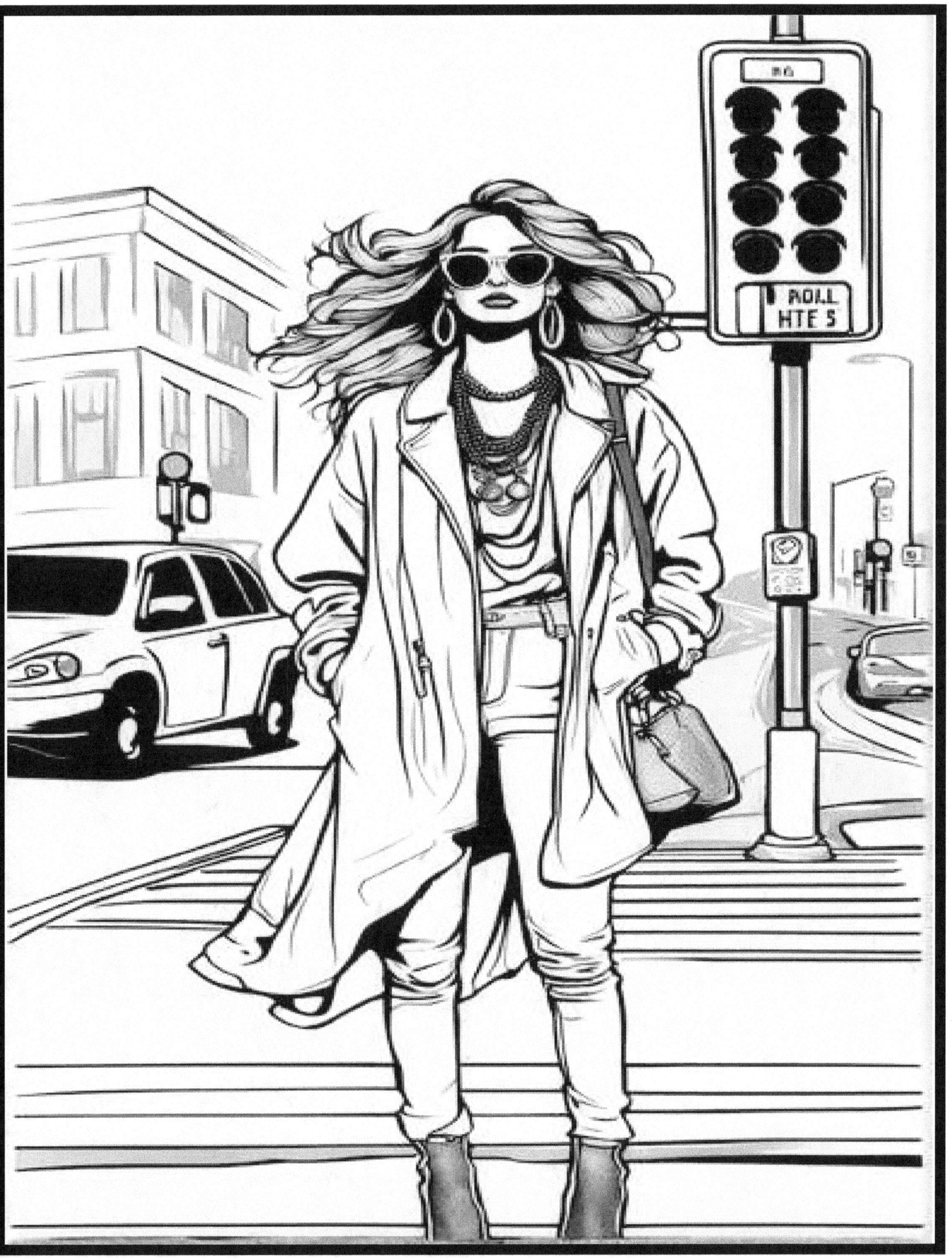
ROLL
HTE 5

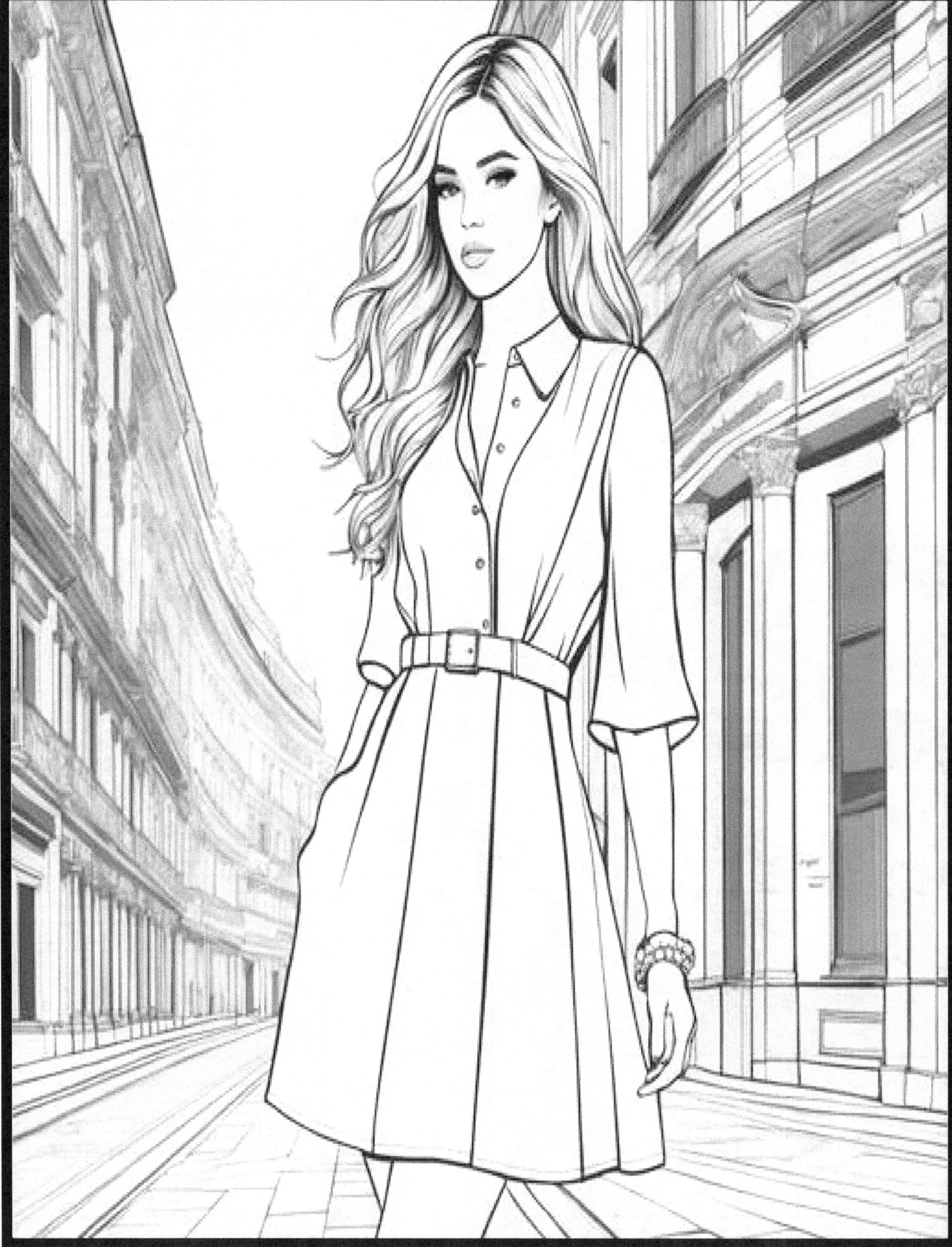

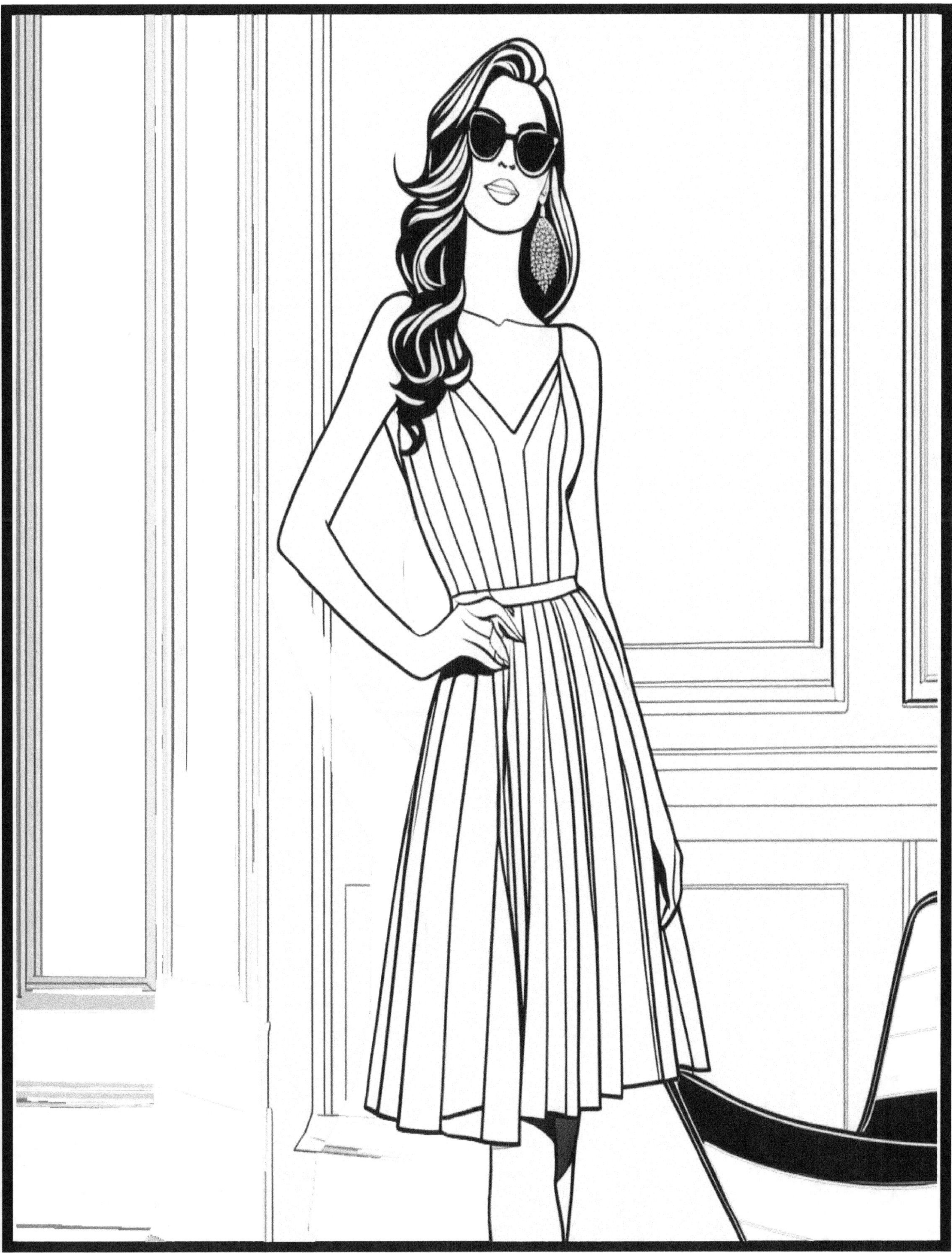

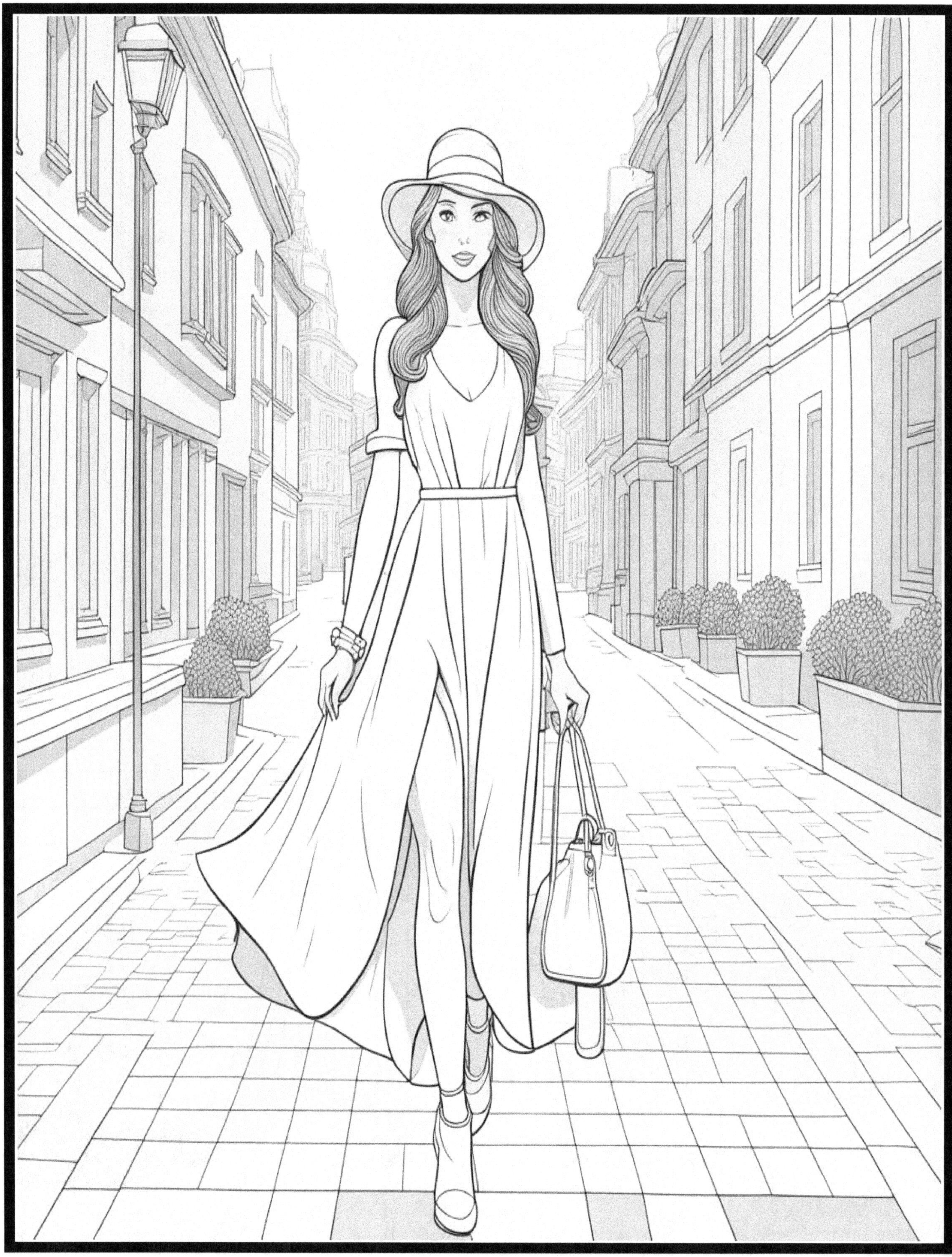

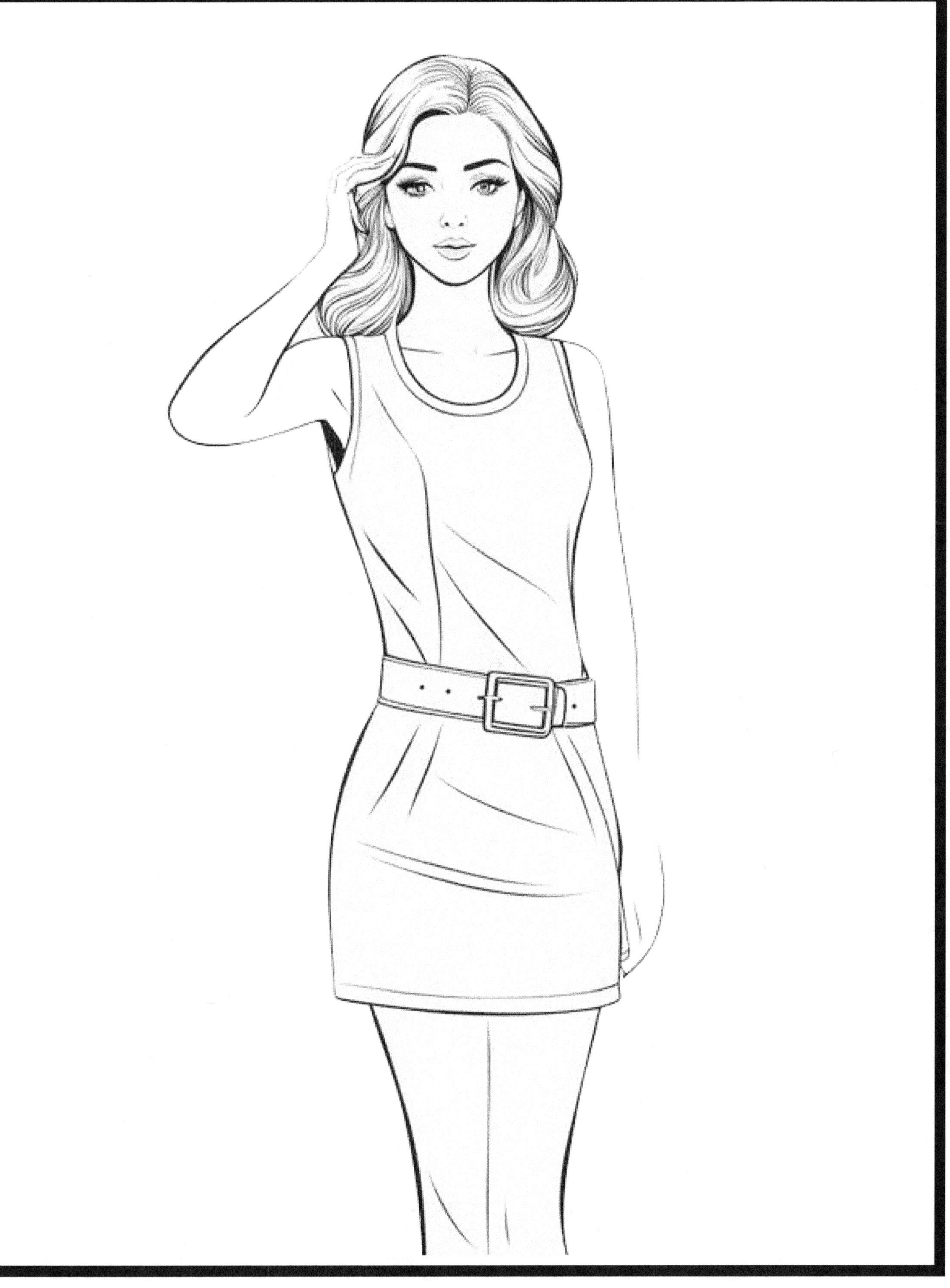

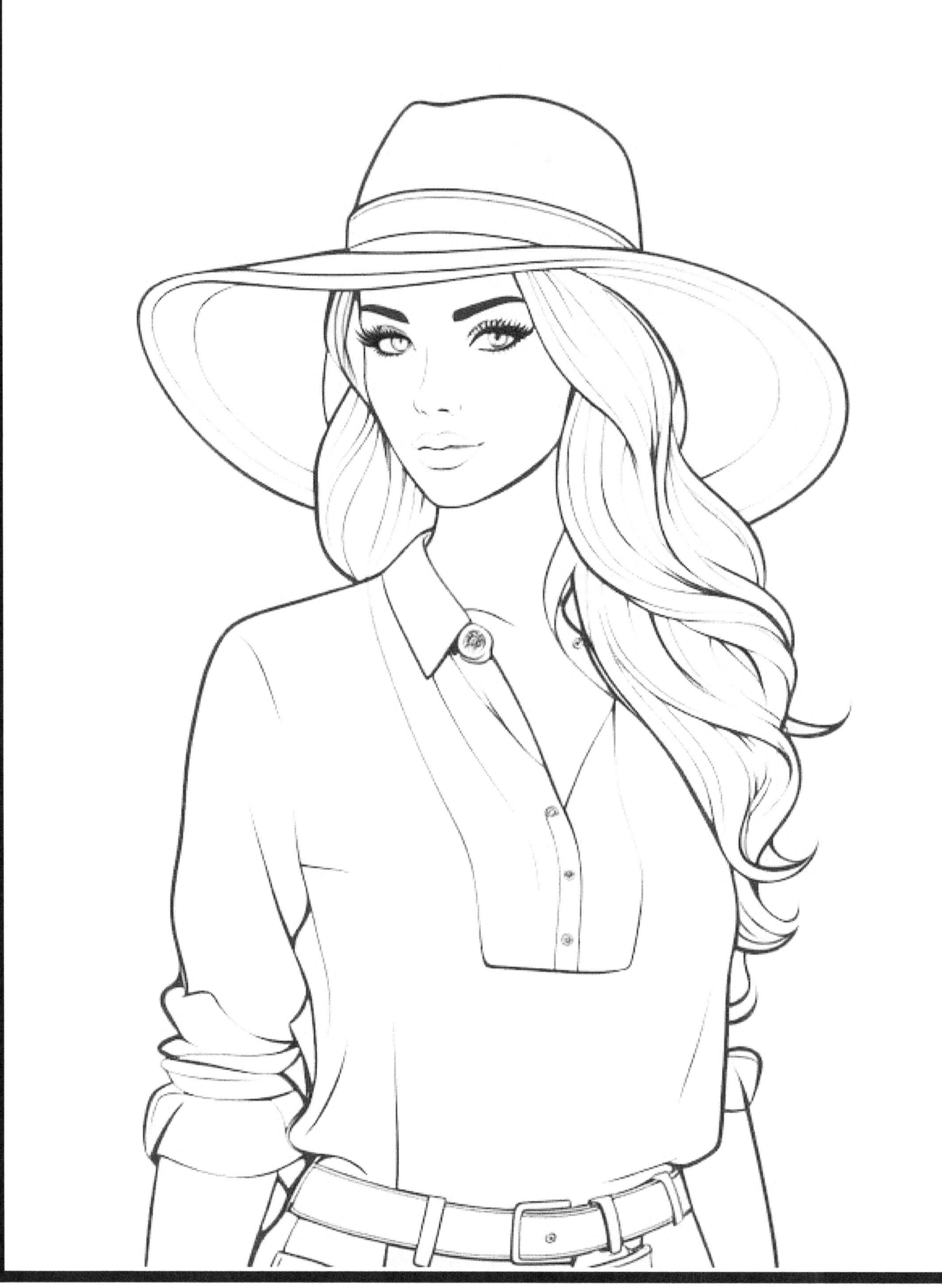

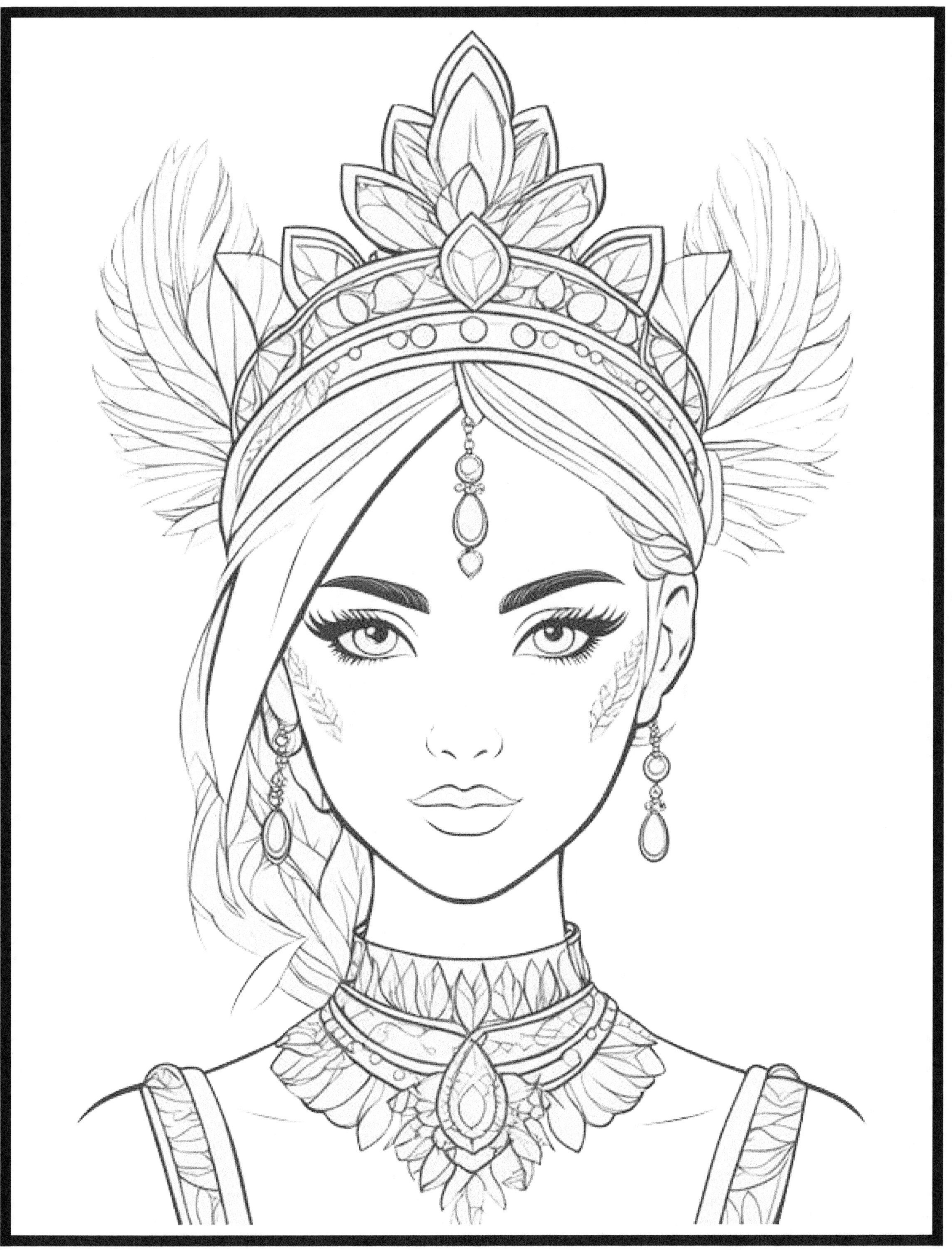

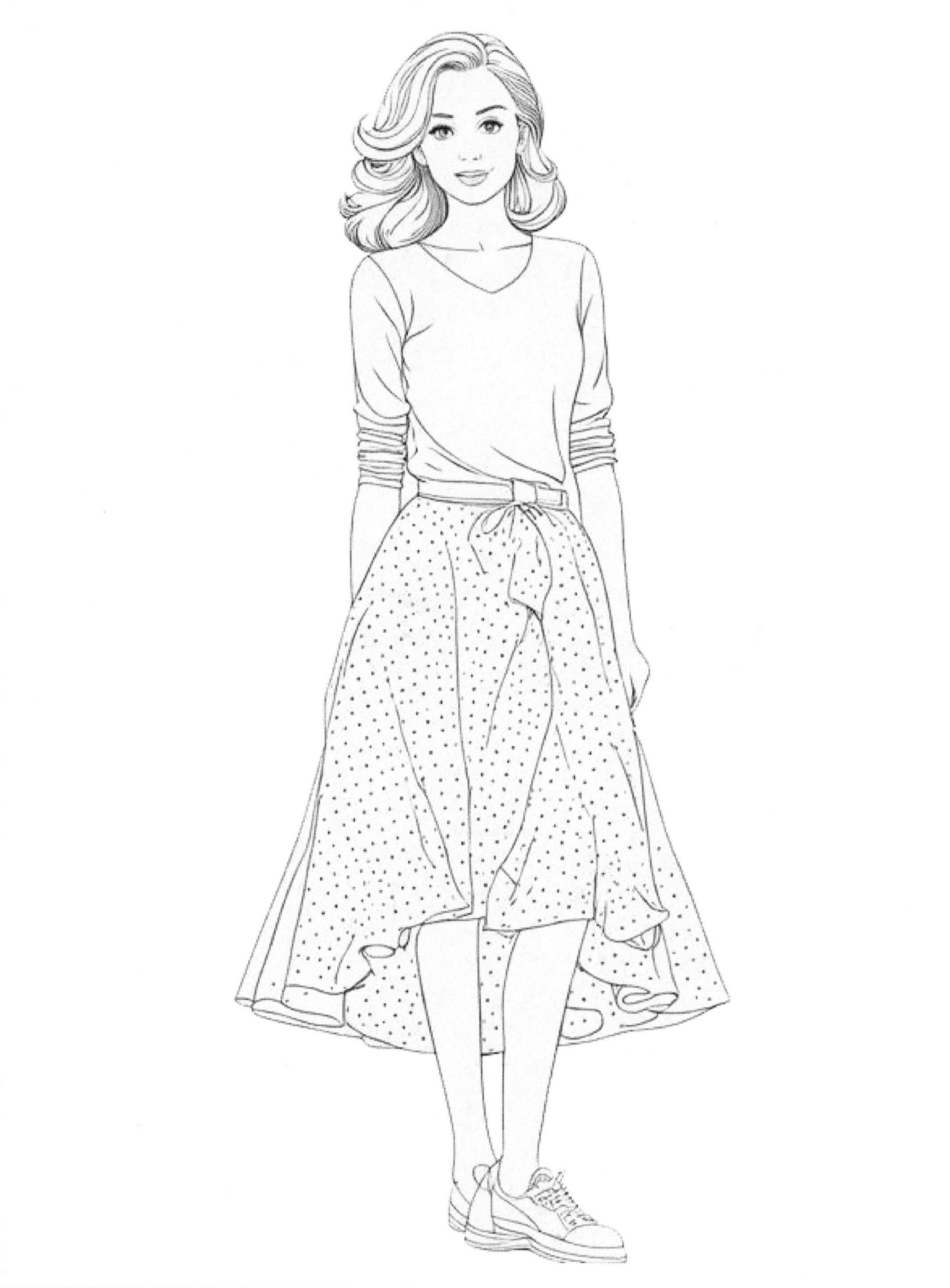

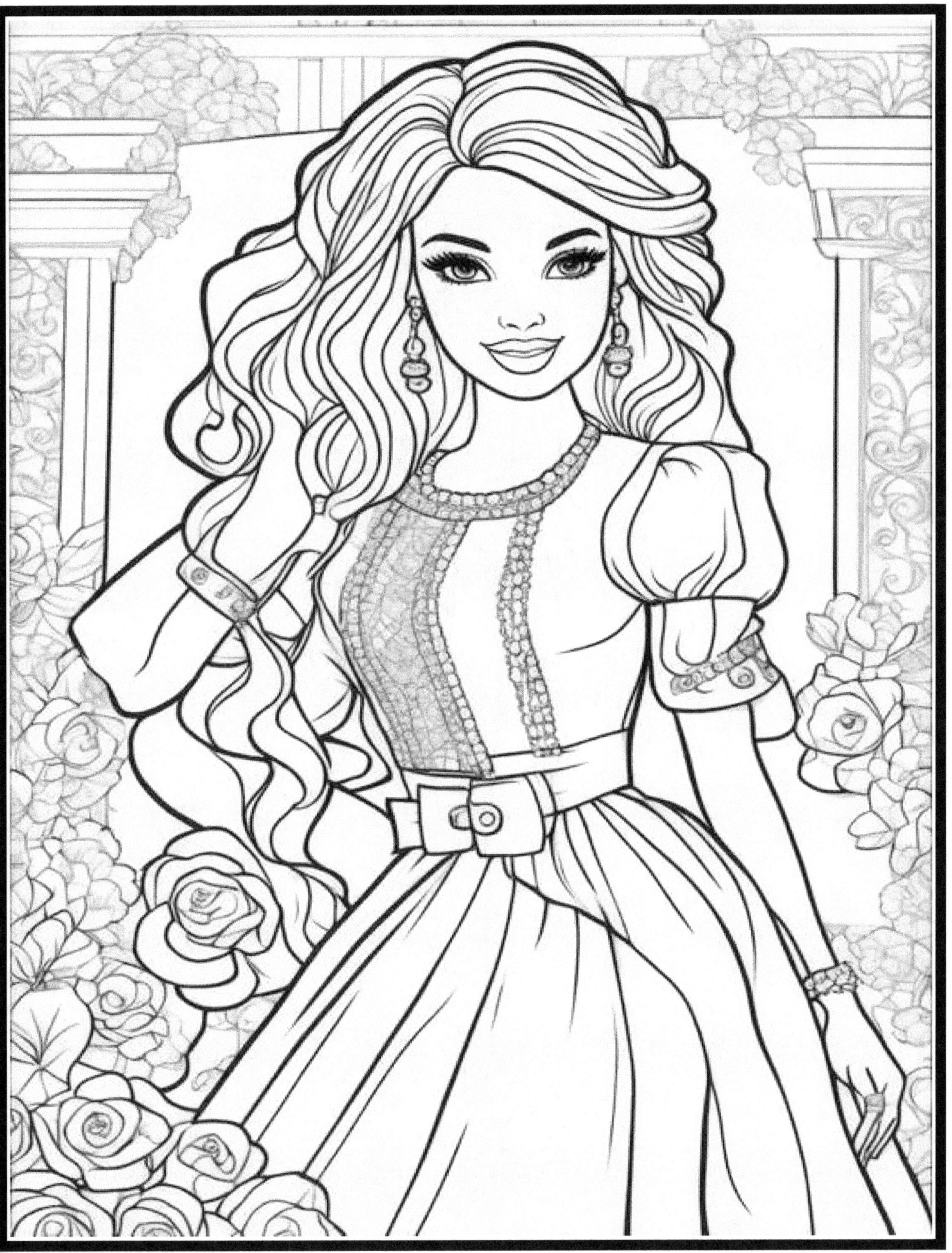

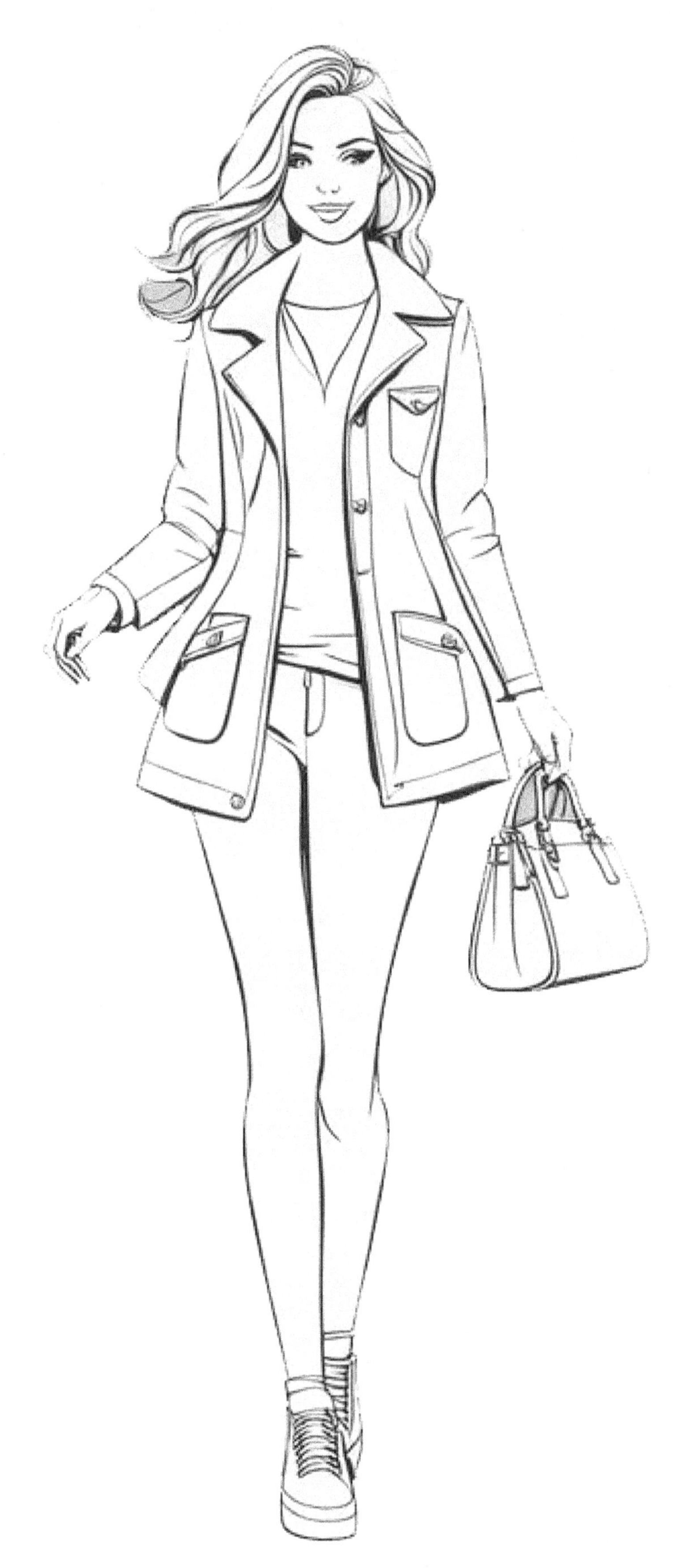

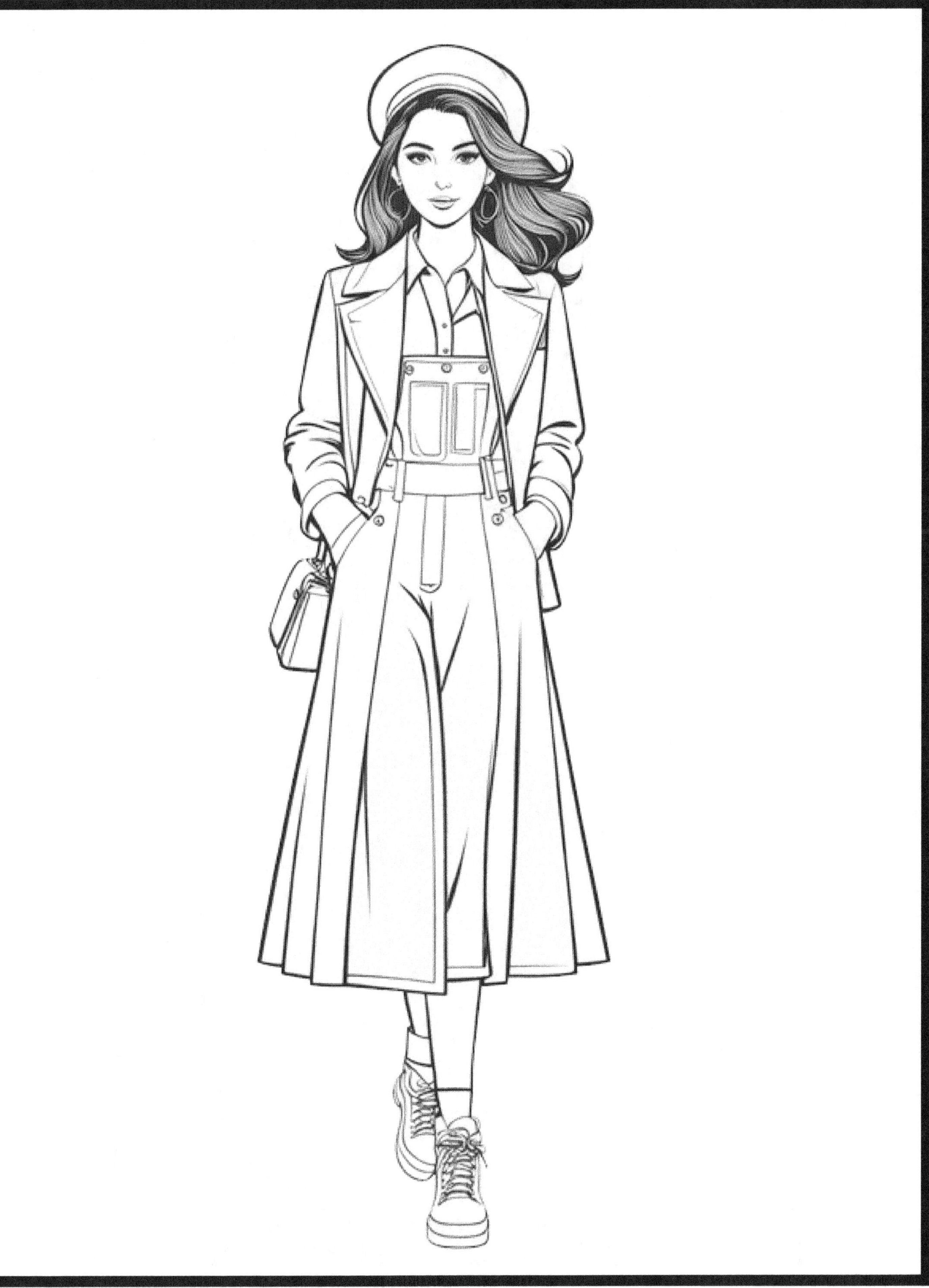

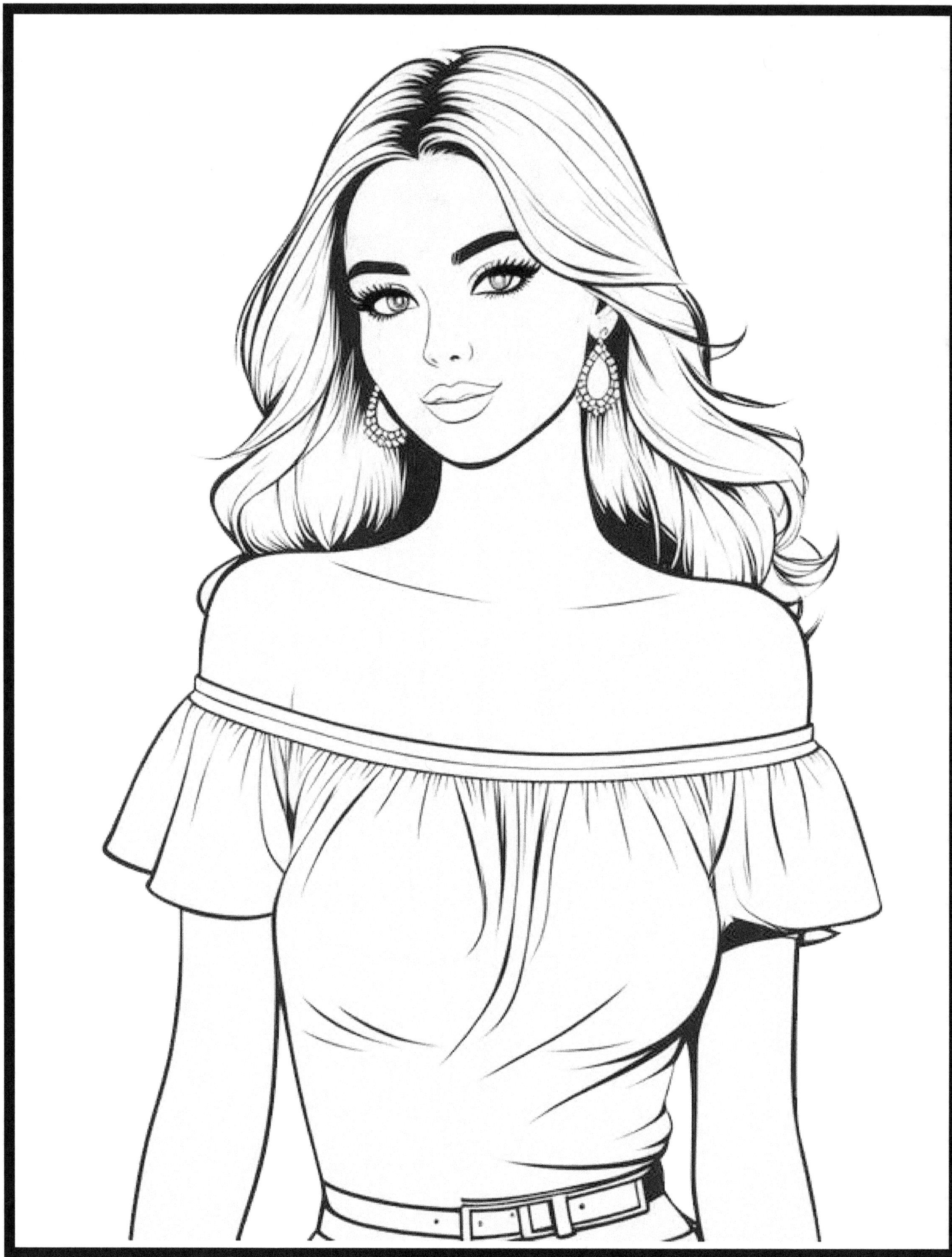

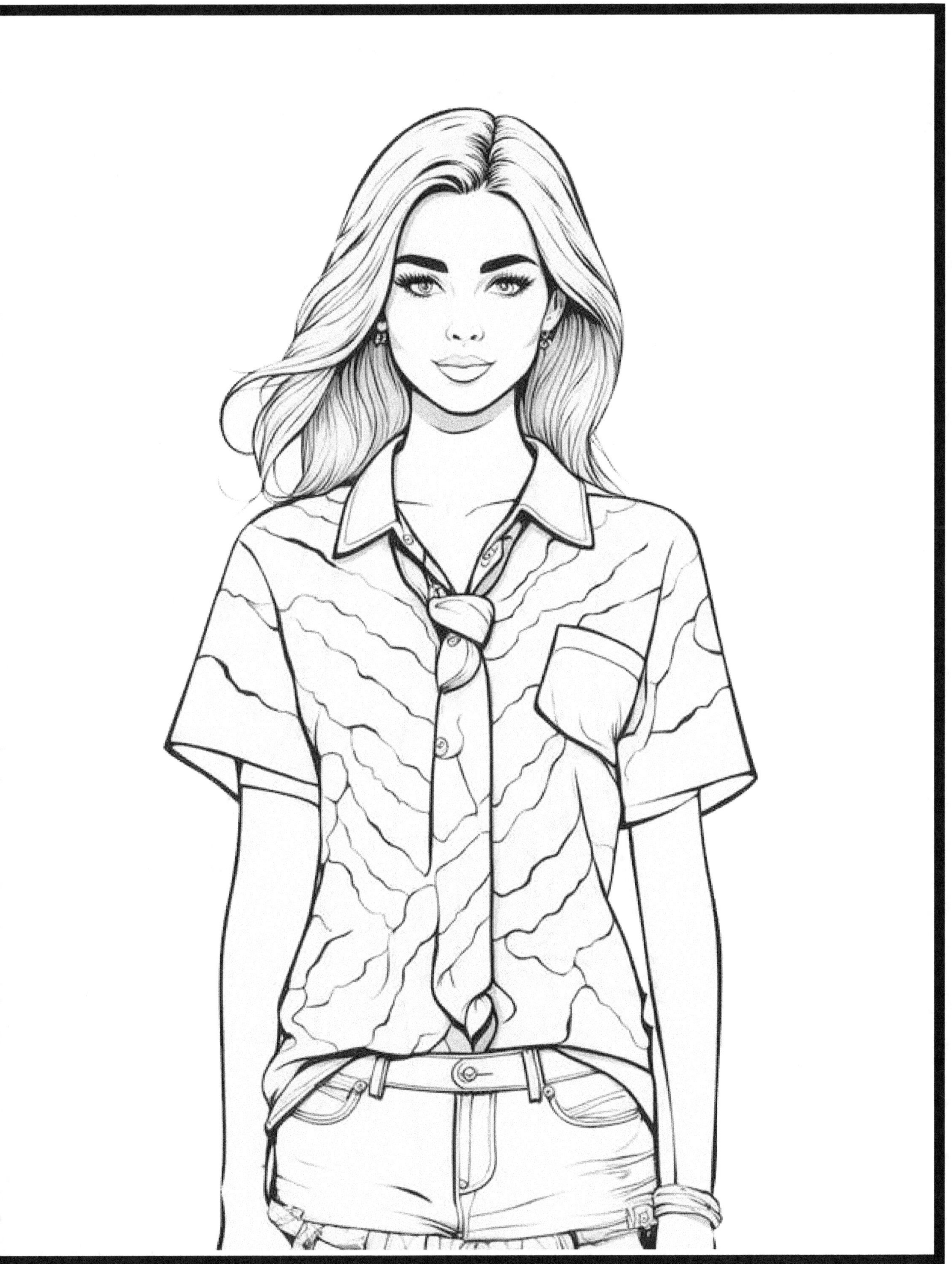

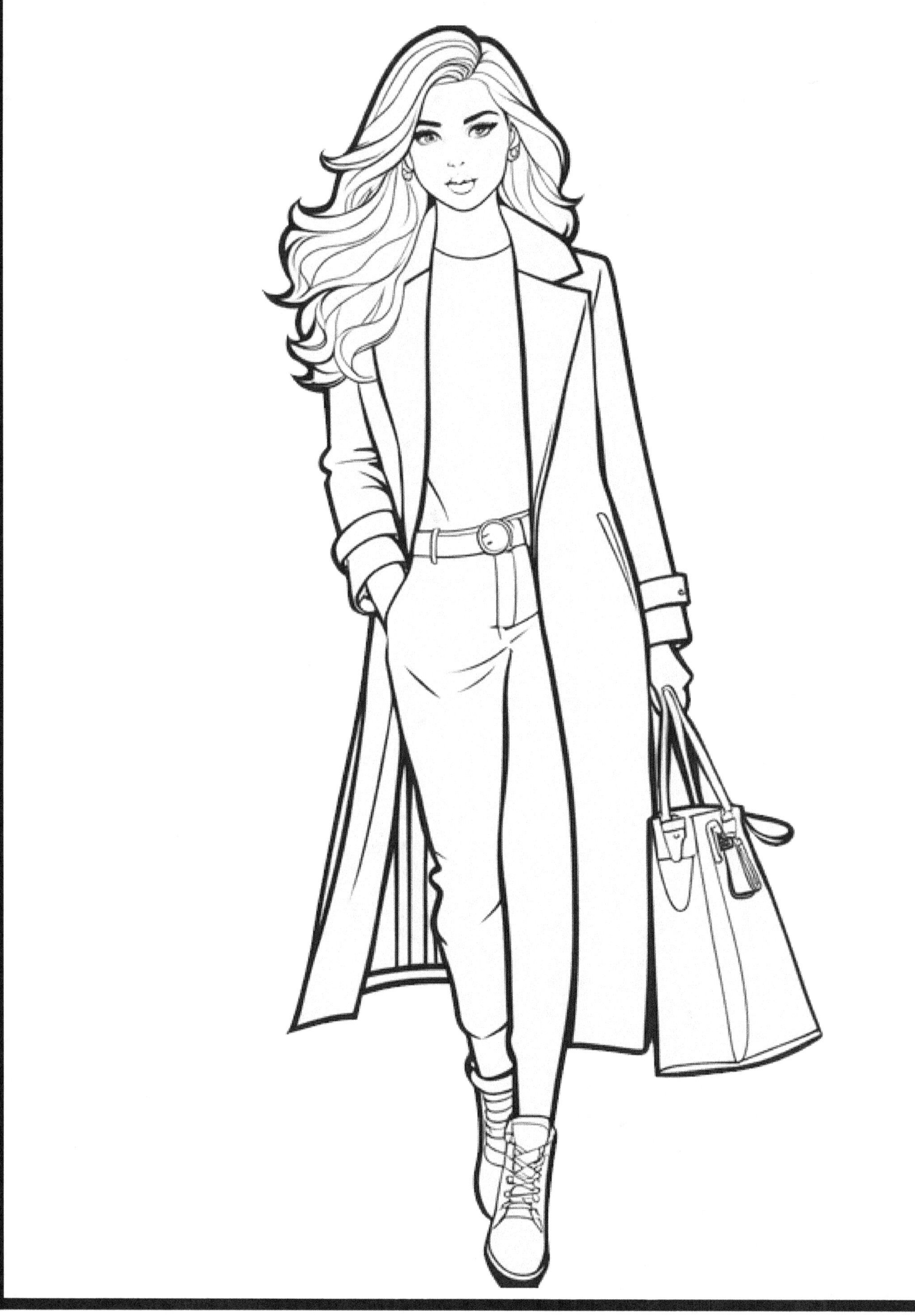

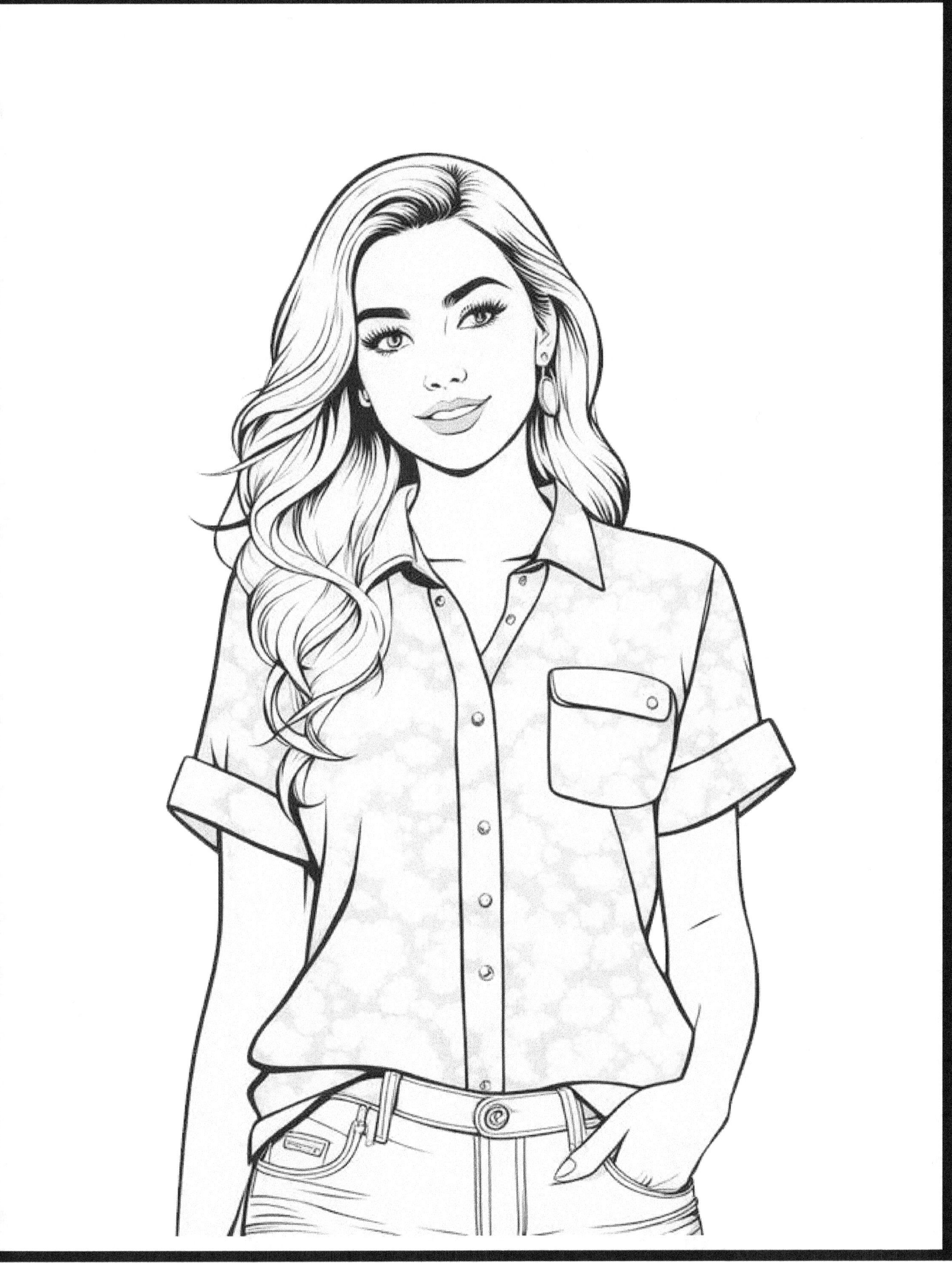

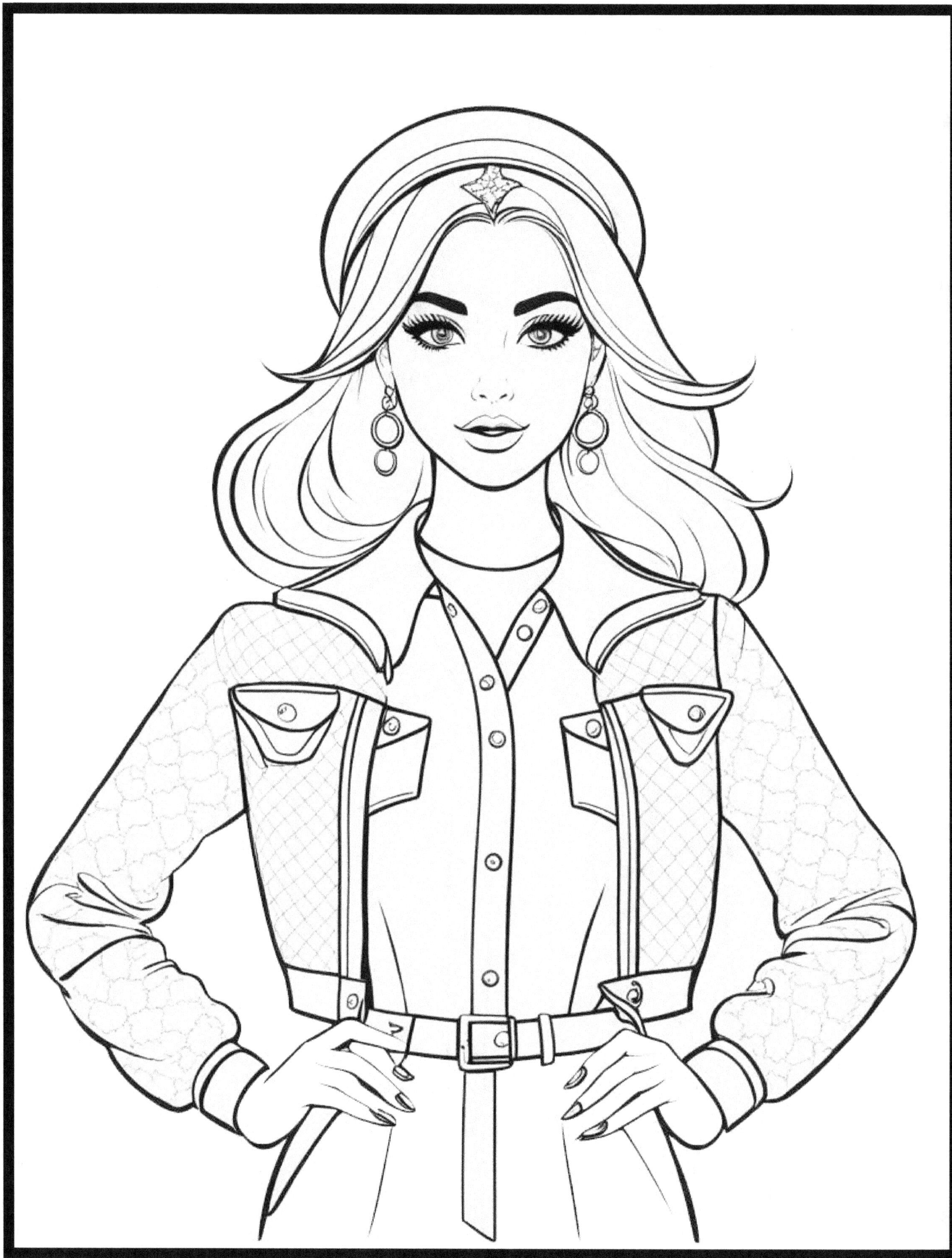

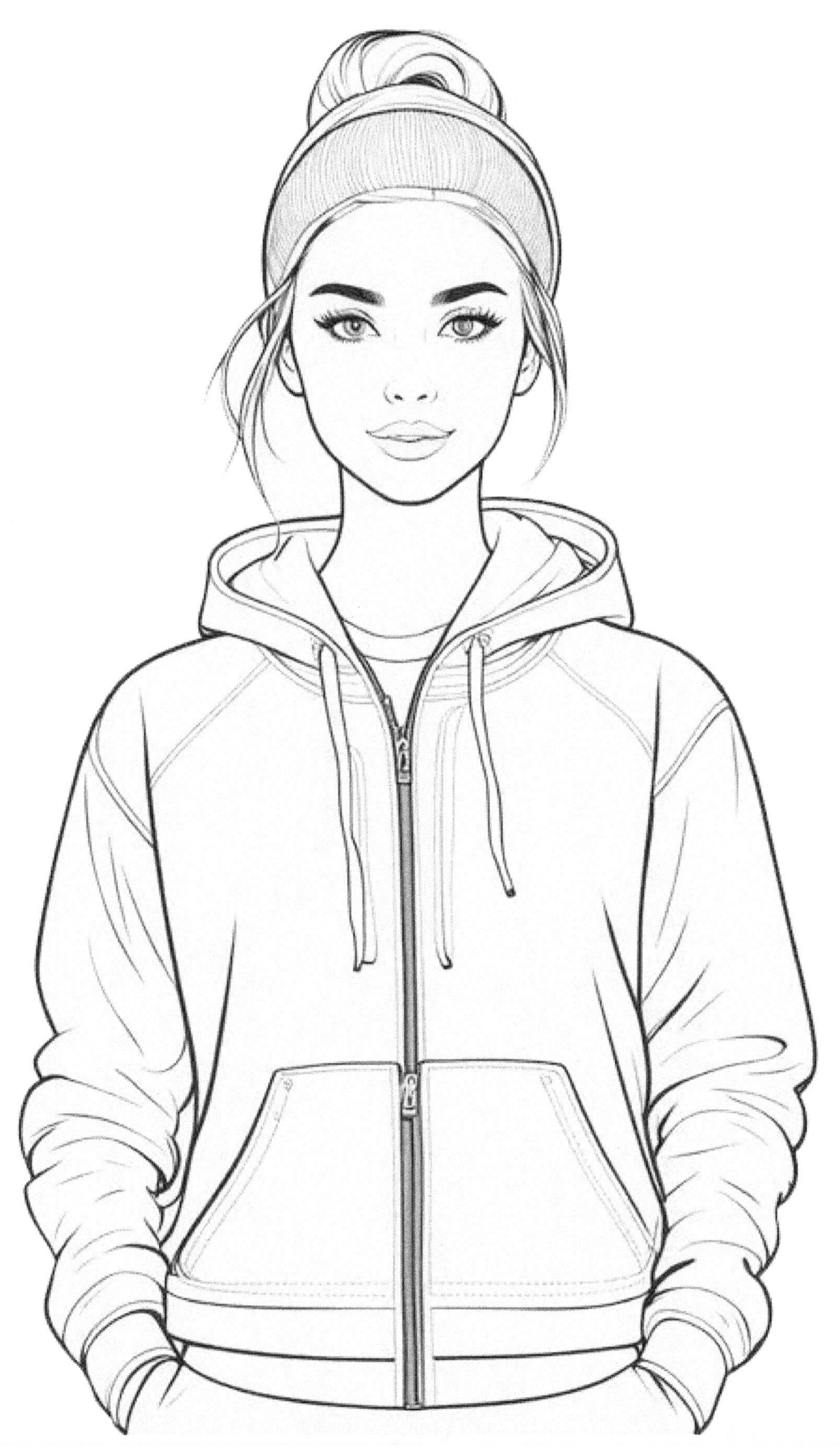

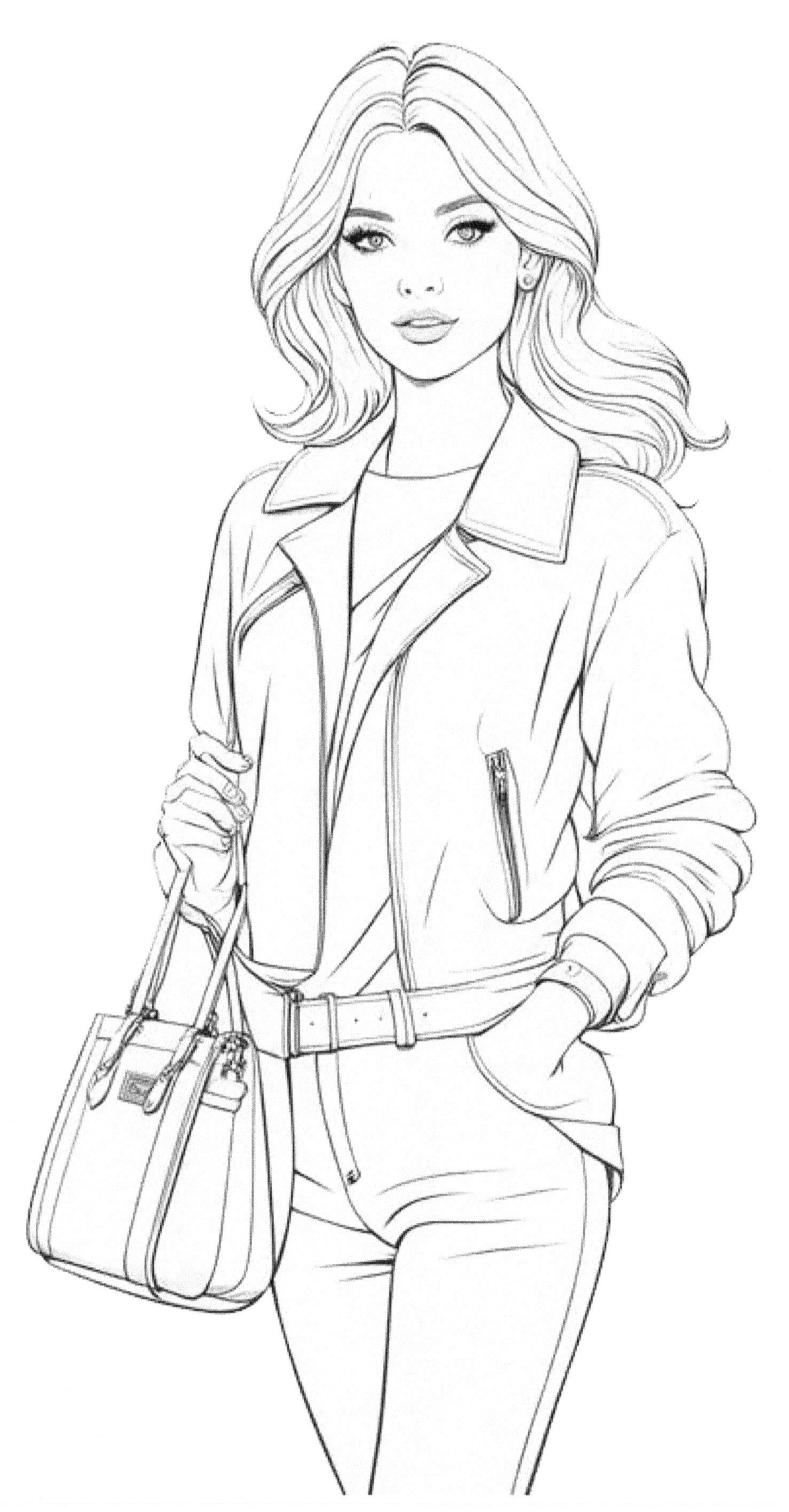

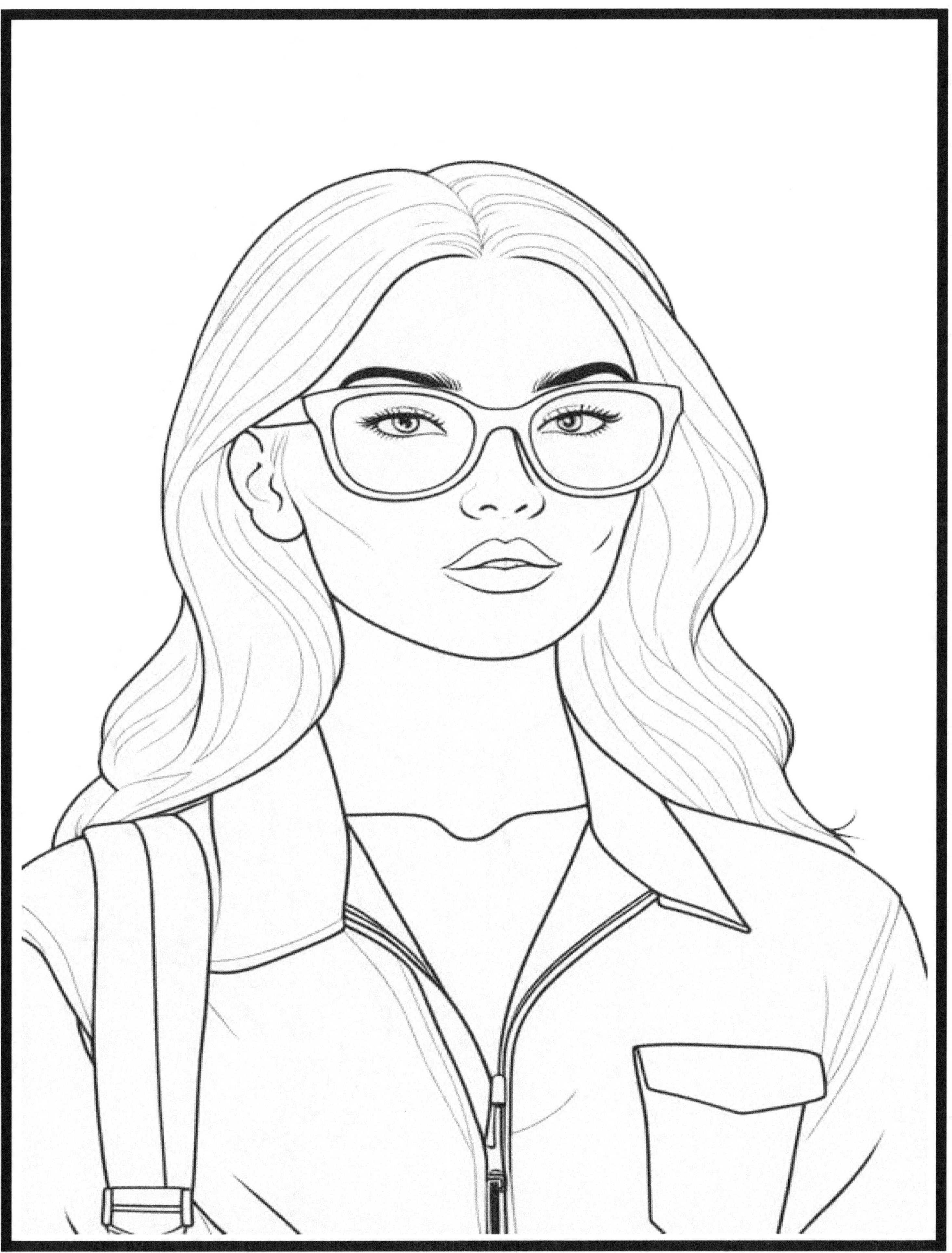

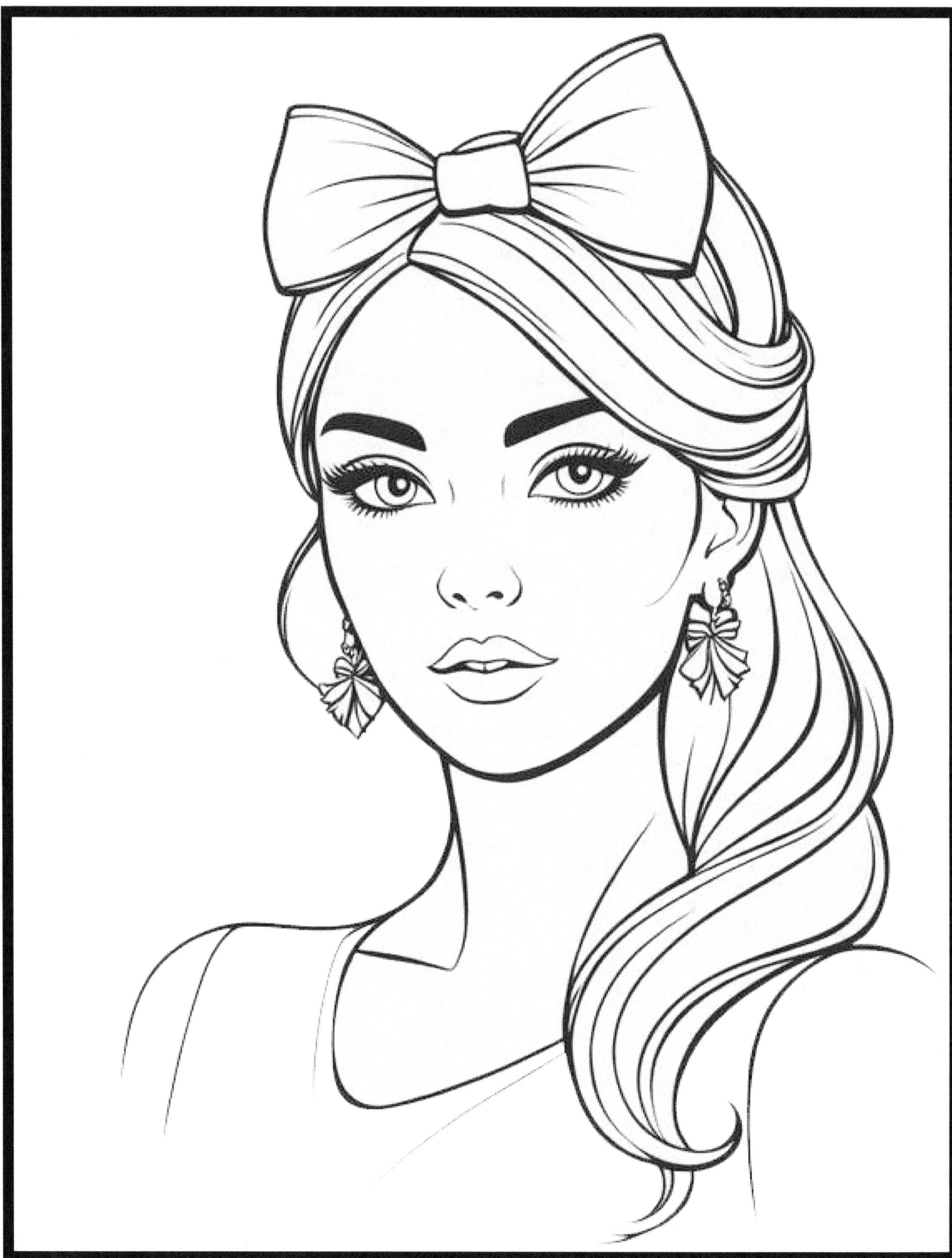

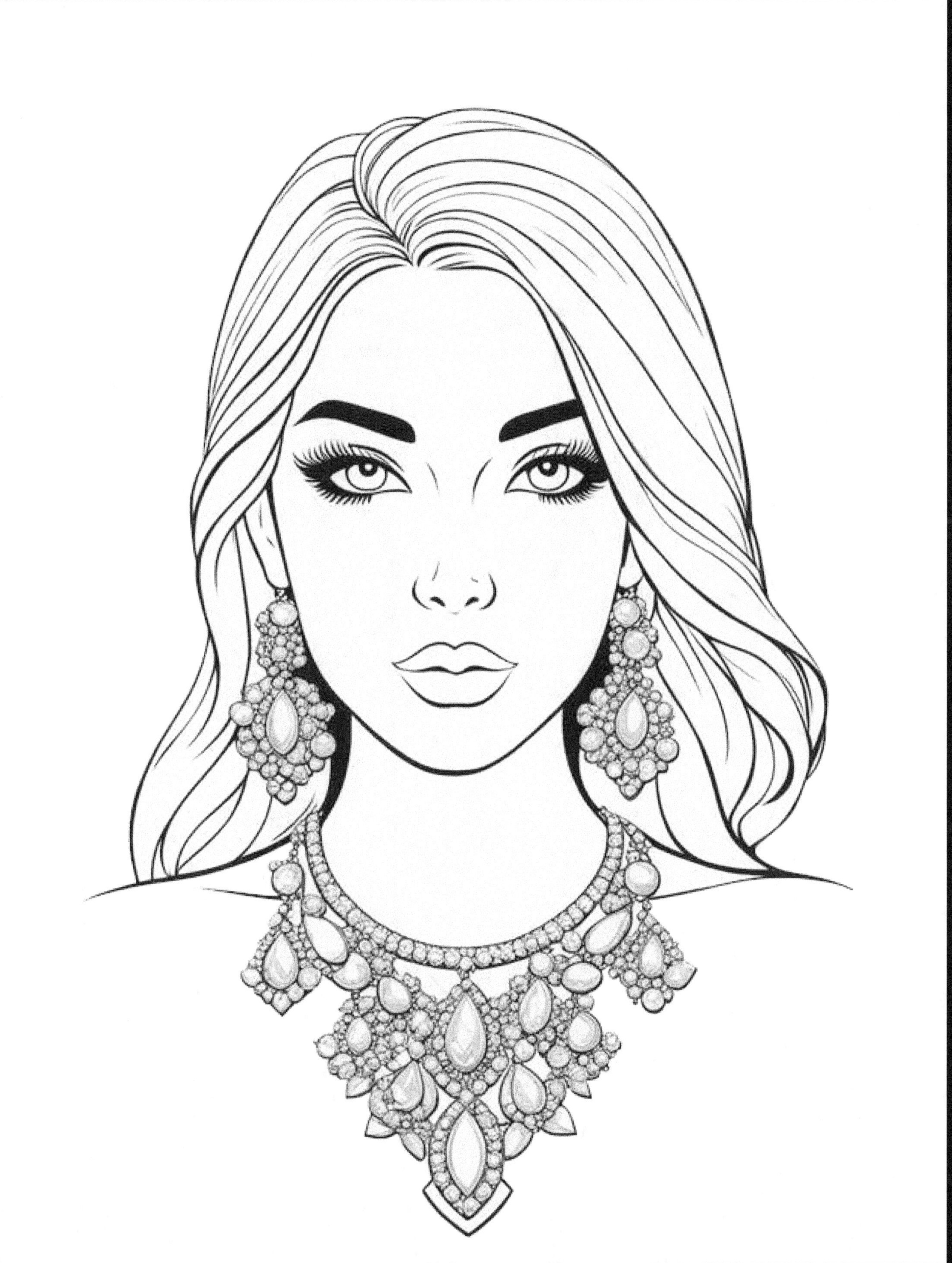

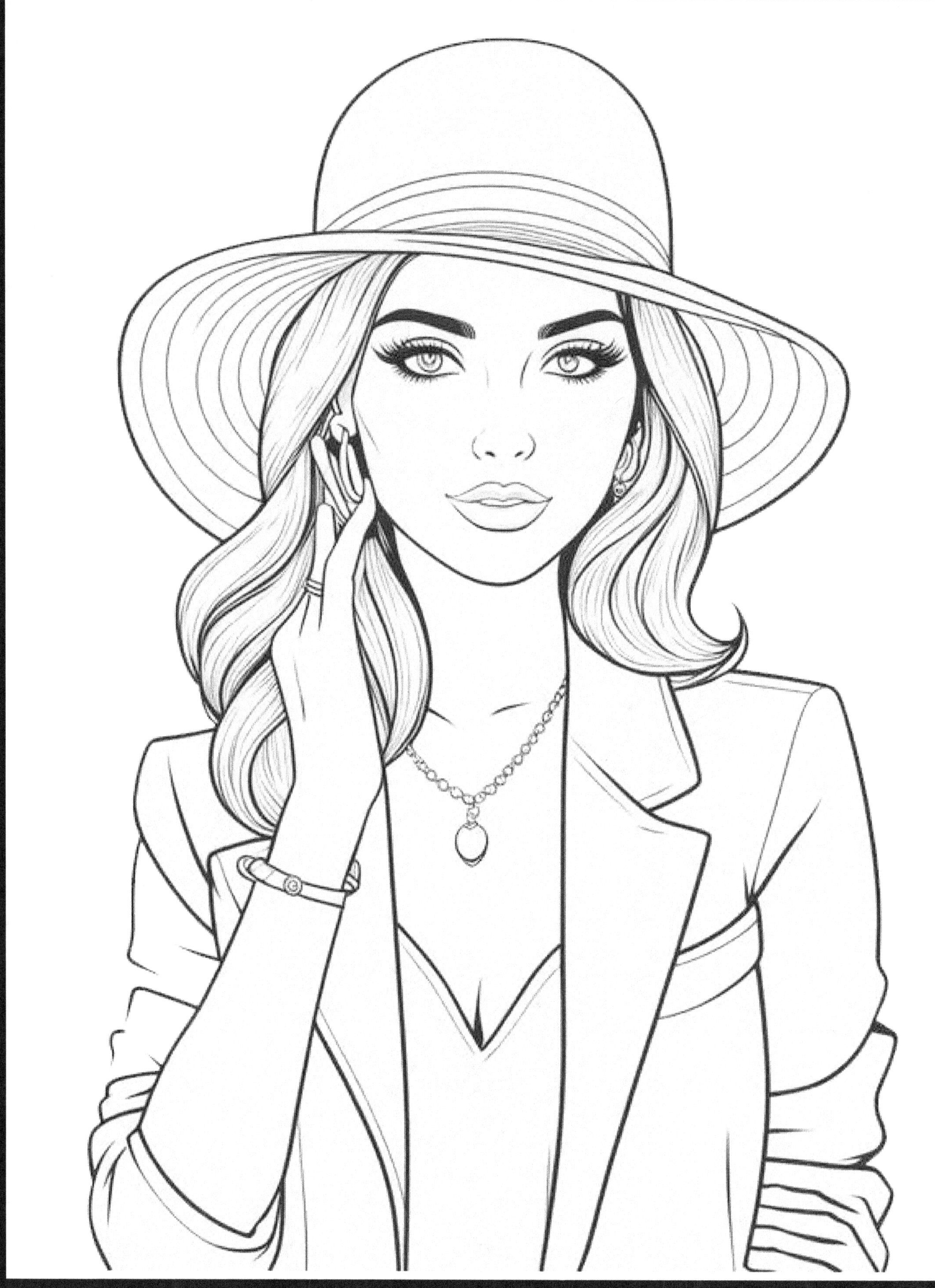

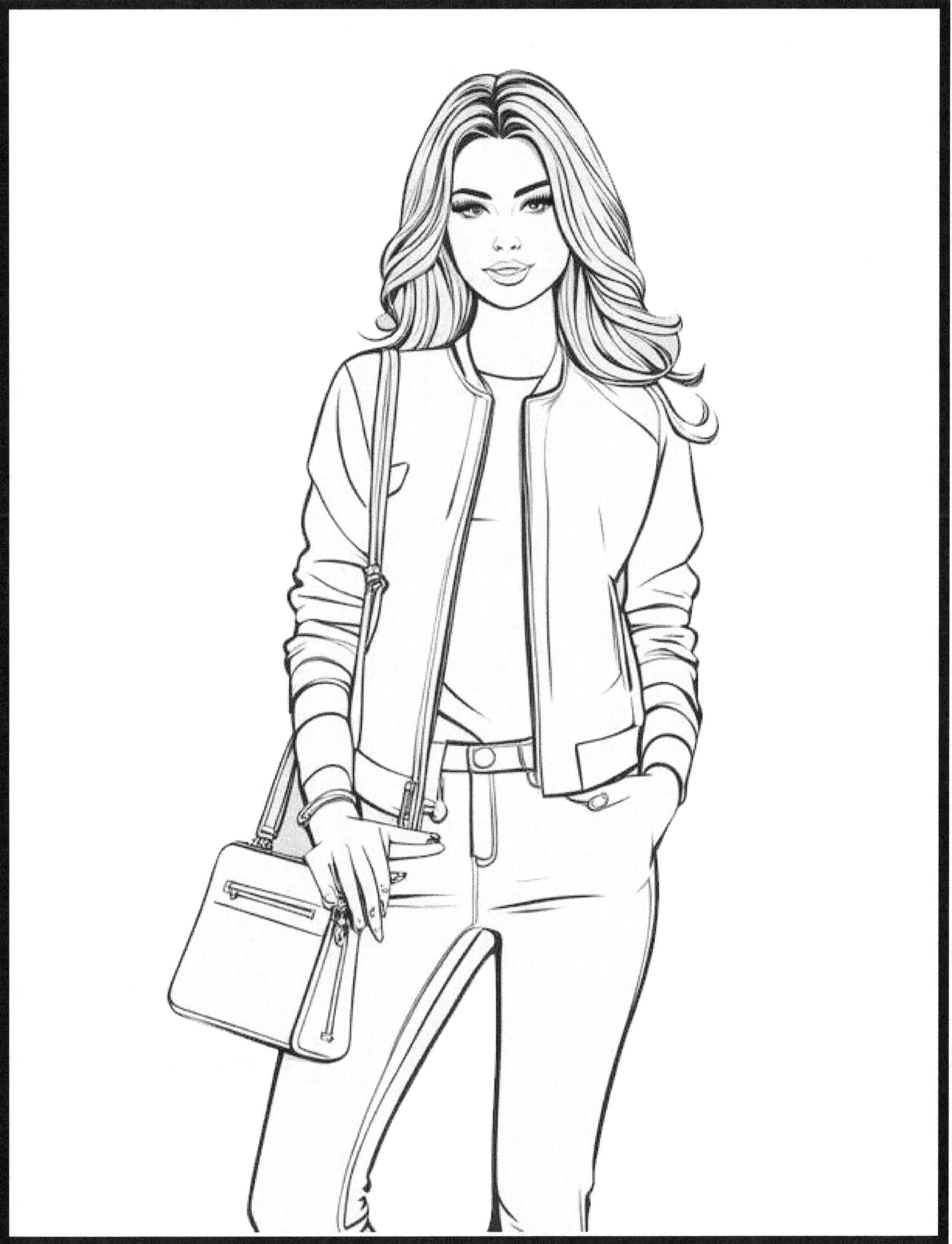

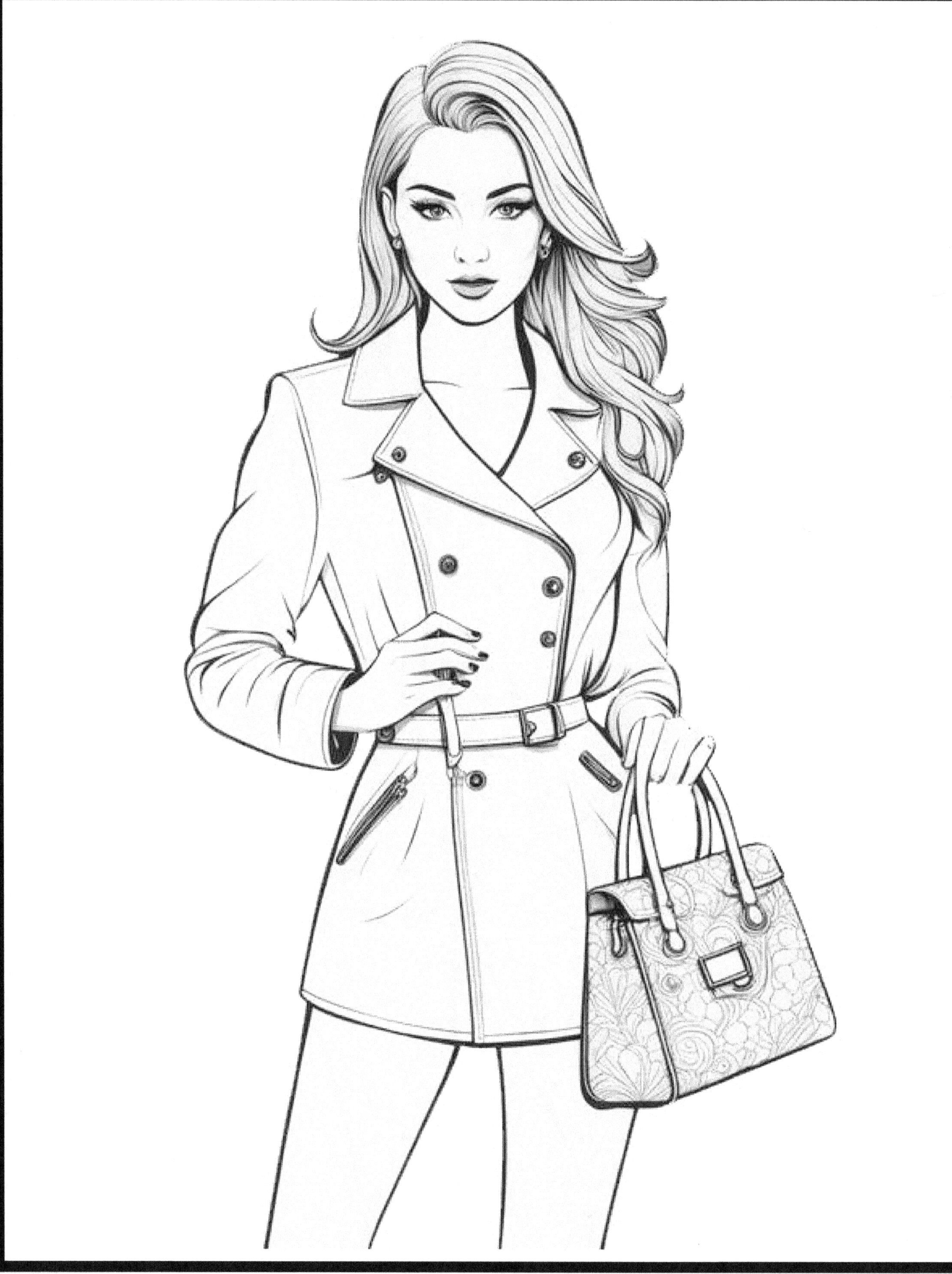

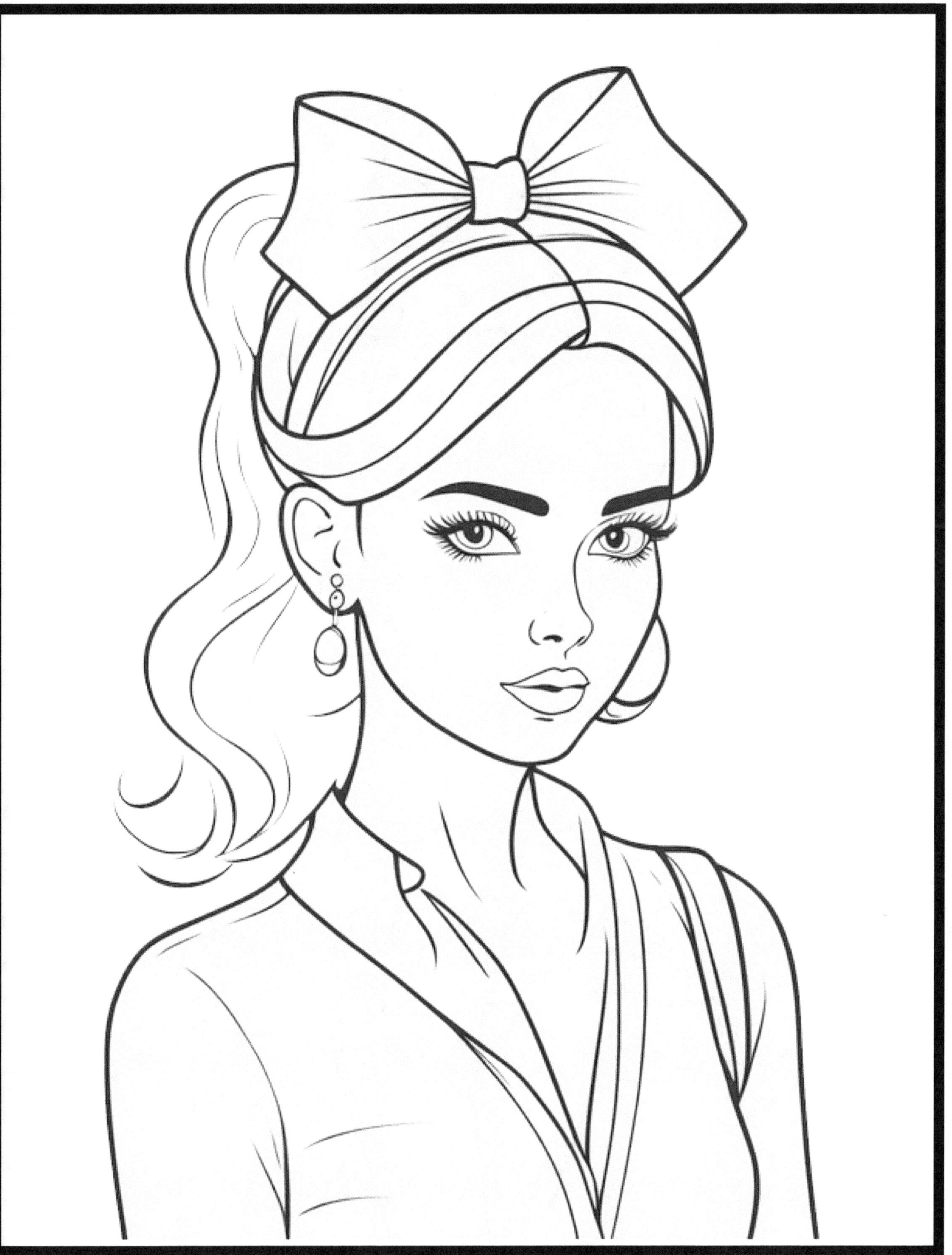

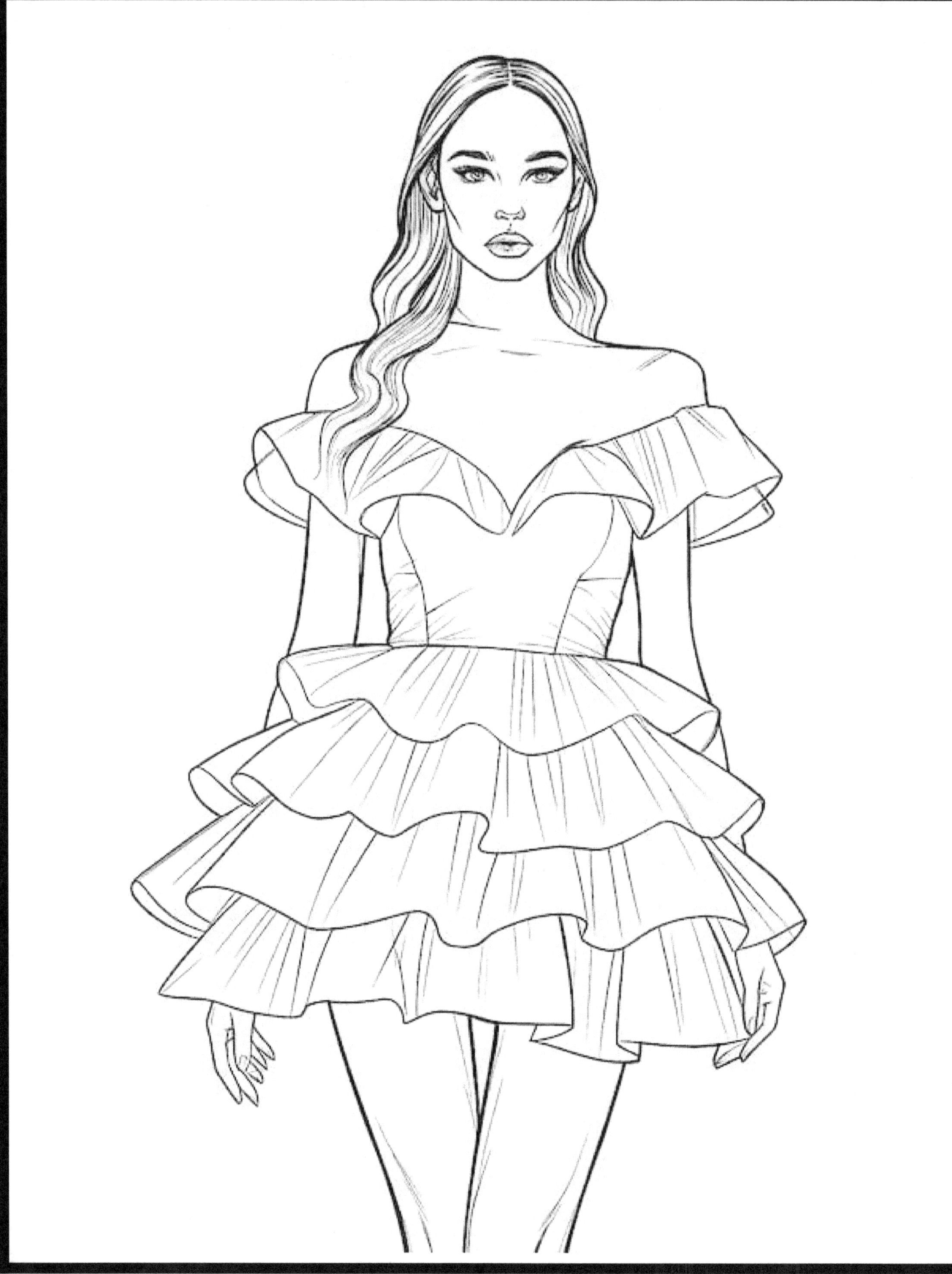

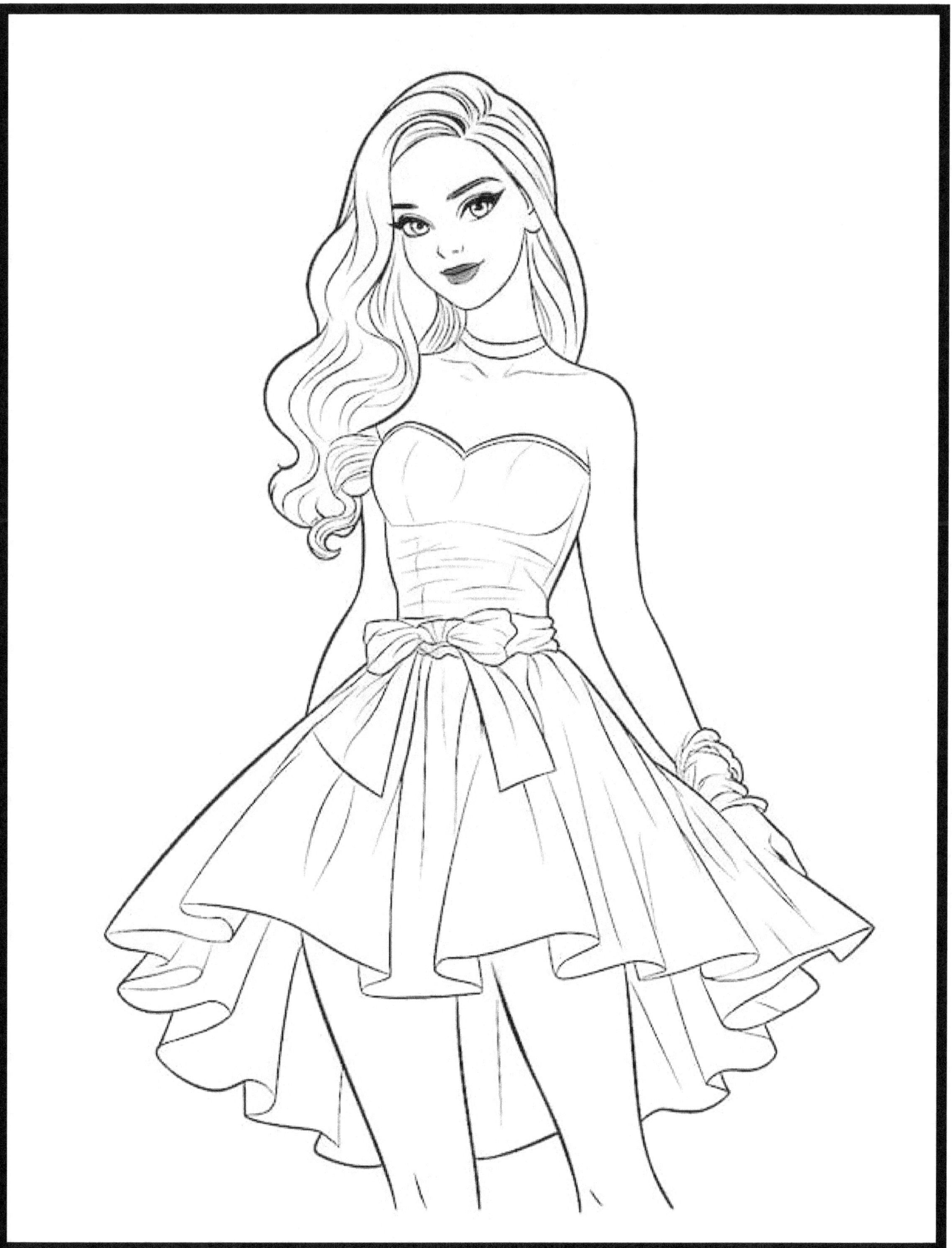

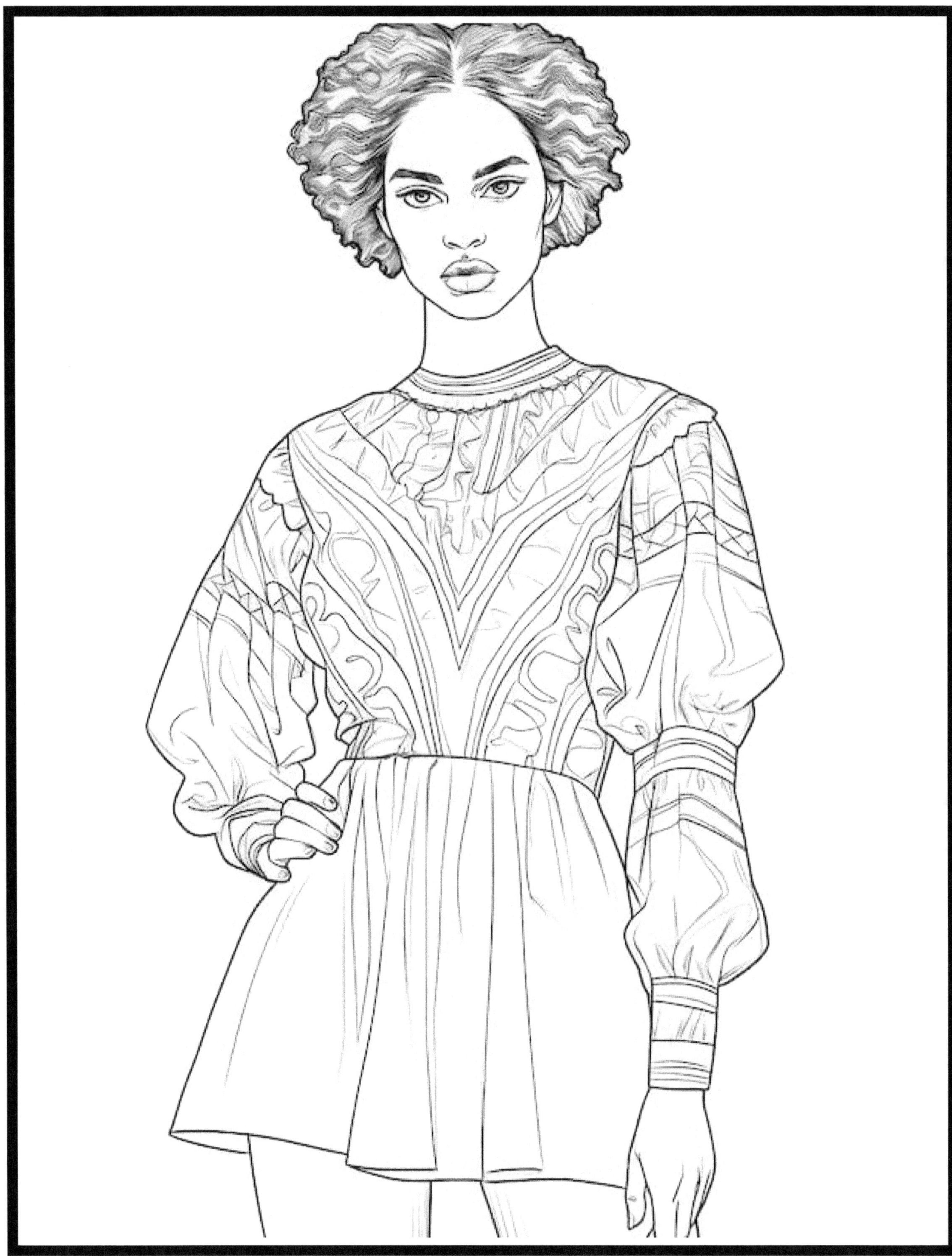

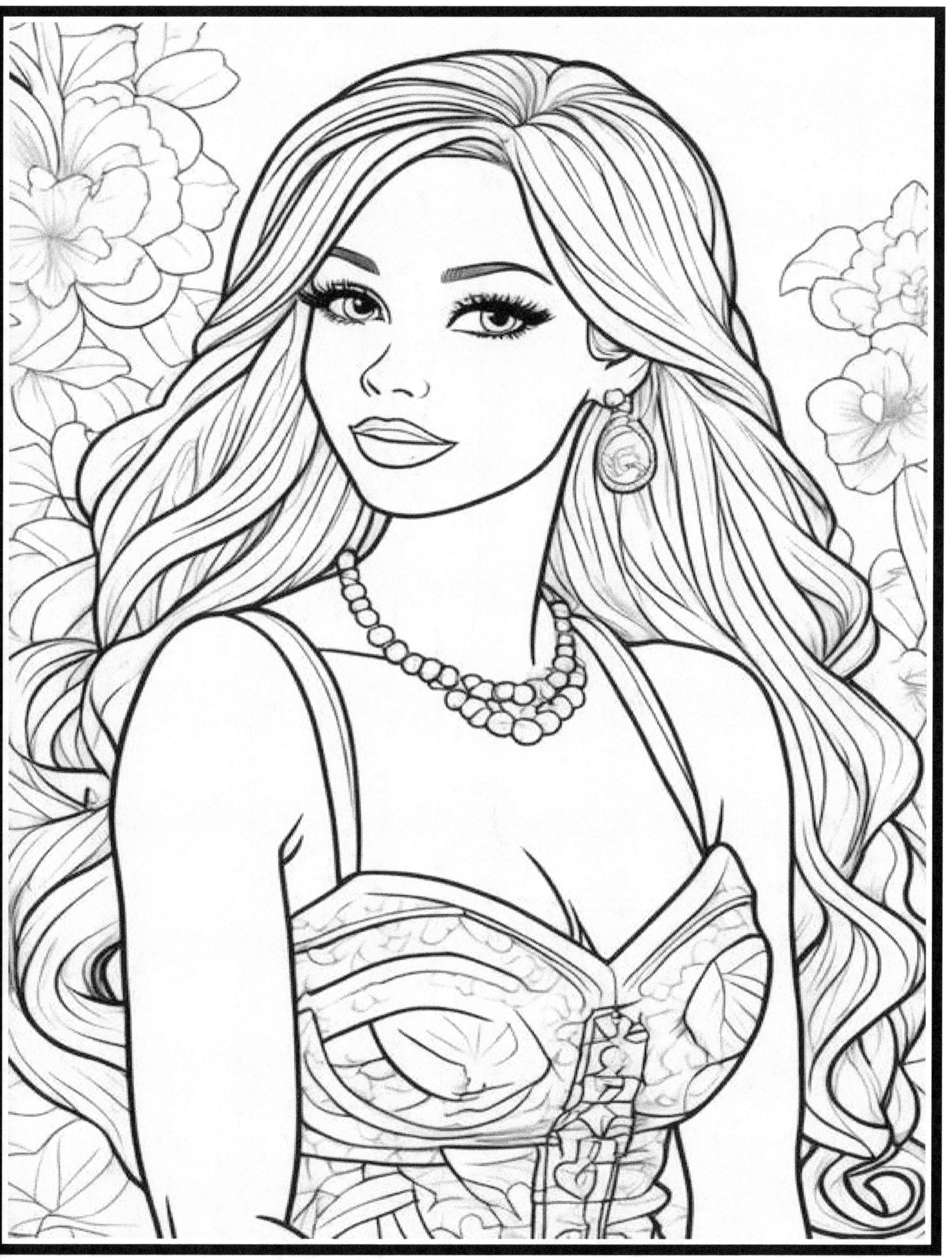

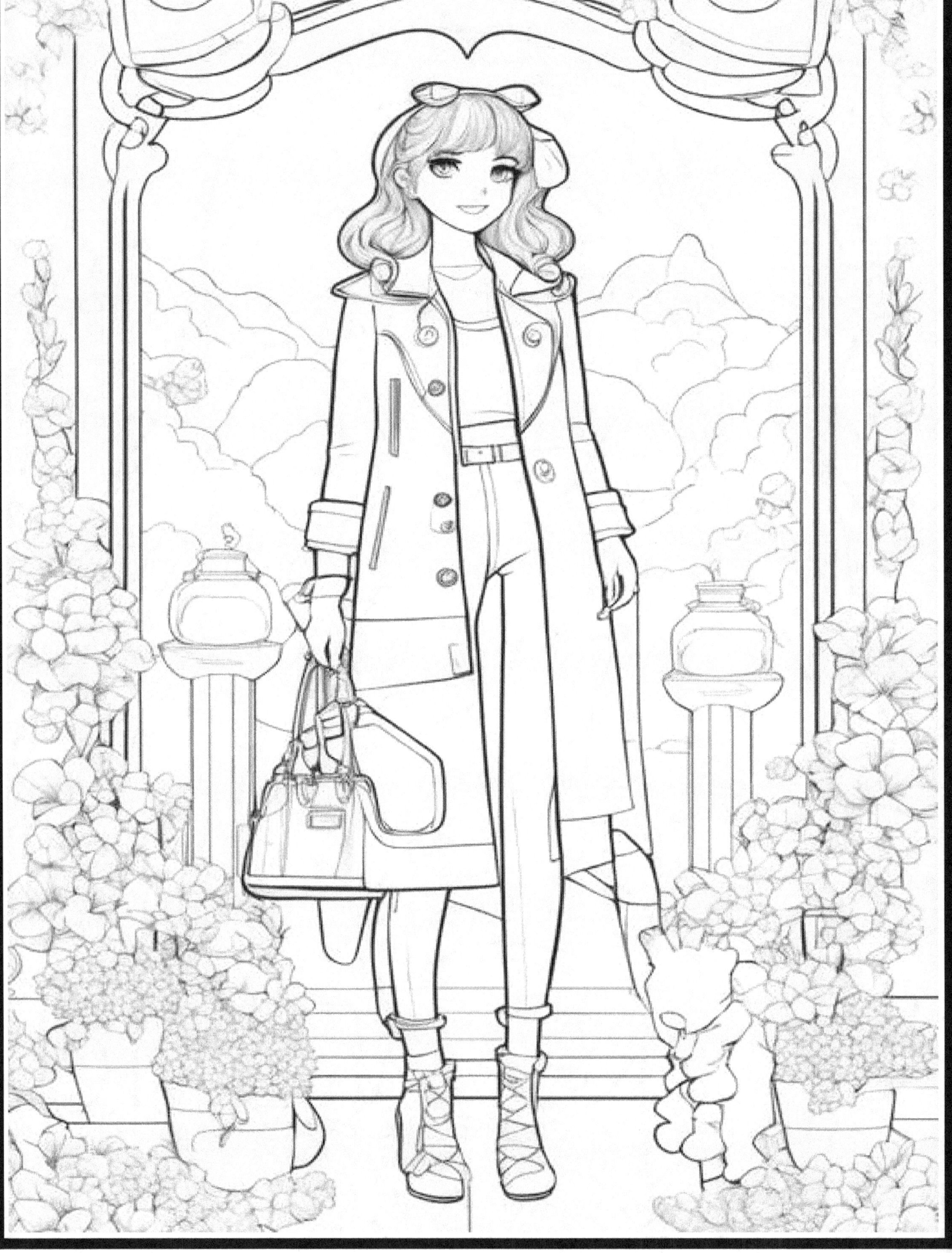

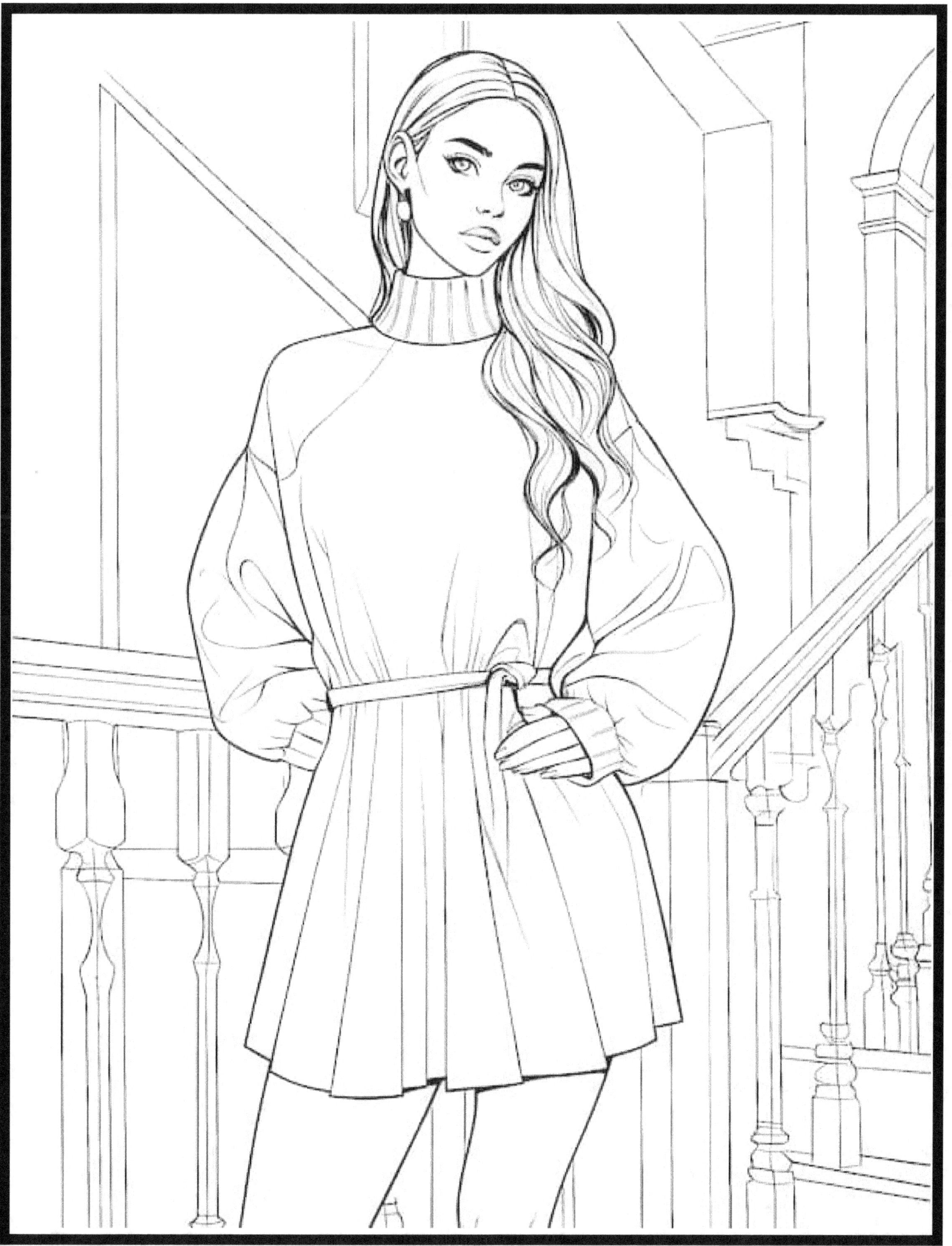

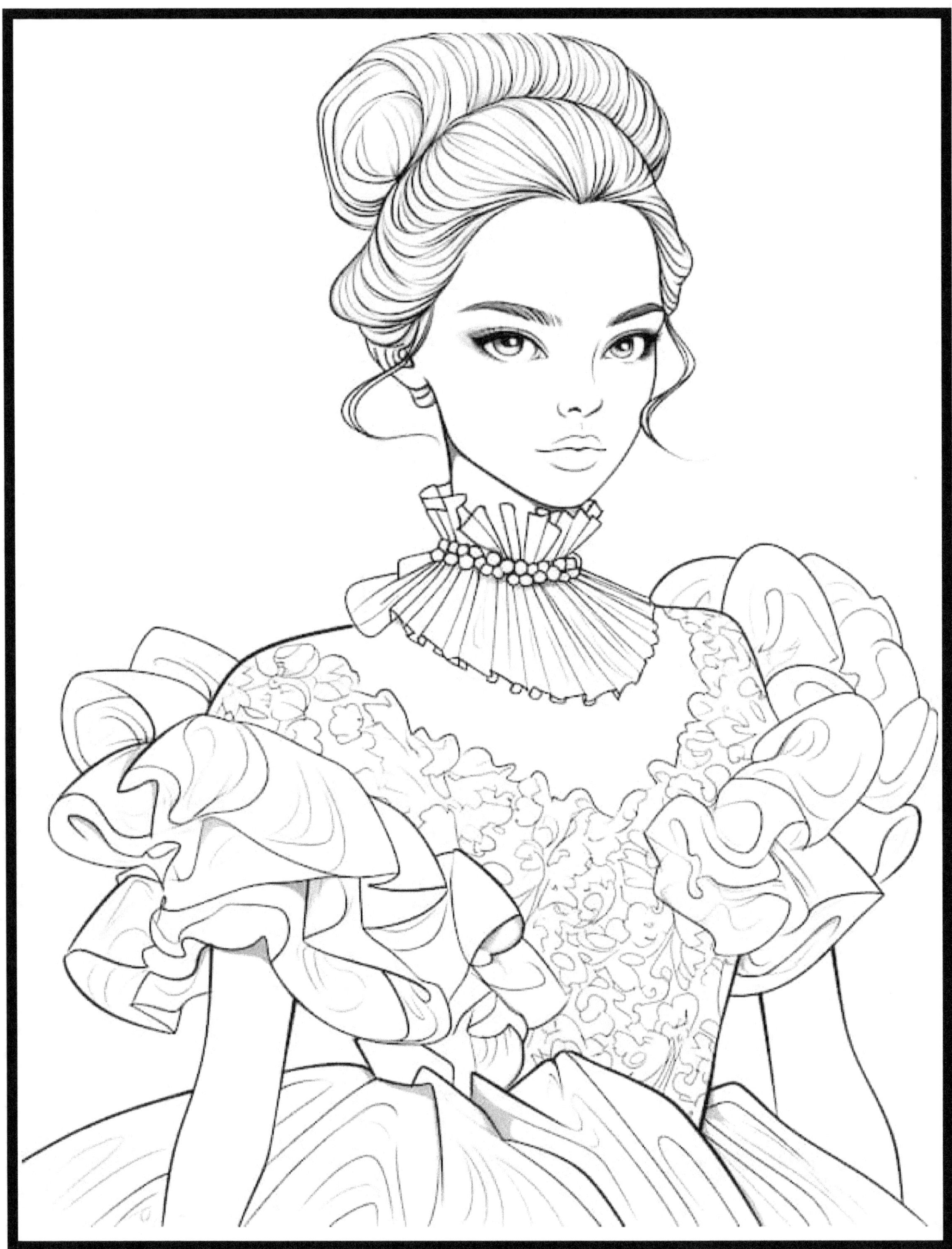